KB113764

나는 내 인생의 **CEO**입니다

| 꿈을 잃은 직장인에게 희망을 찾아주고 길을 보여주는 행복 안내서 |

나는 내 인생의 CEO 입니다

나카타니 아키히로 지음 | 이선희 옮김

[] BOOK AGIT

CONTENTS

나는 내 인생의 **CEO**입니다

75 Rules to become a Winner with in
3 years after coming around

나는 내 인생의 **CEO**입니다

75 Rules to become a Winner with in
3 years after coming around

'부조리한 일'을 뛰어넘으려고
하는 사람은 영웅이 될 수 있다

나는 한국 영화를 좋아해서 매일 잠들기 전에 보곤 합니다.

한국 영화를 보면 현대의 한국 사회도 부조리한 일이 넘치고 있다는
사실을 알 수 있습니다.

부조리한 일이란 납득할 수 없는 일을 말합니다.

좋은 아이디어를 내놓아도 통과되지 않기도 하고, 자신의 아이디어
가 다른 사람의 아이디어로 둔갑해서 히트를 치기도 합니다.

영화의 주인공은 반드시 부조리한 일에 부딪칩니다. 그리고 그곳에
서 포기하지 않고 부조리한 일을 뛰어넘기 위해 끝까지 싸웁니다.

하지만 부조리한 일을 뛰어넘을 수 있느냐 없느냐는 아무런 관계가
없습니다. 중요한 것은 부조리한 일에 굴복하지 않고 당당하게 맞
서는 것이니까요.

학교를 졸업하고 사회에 나가면 부조리한 일에 부딪힙니다.
부조리한 일은 운이 나쁜 사람만이 아니라 모든 사람에게 똑같이 찾아
옵니다. 부조리한 일을 해결하는 방법은 두 가지입니다.
첫째, 포기한다.
둘째, 뛰어넘기 위해 열심히 연구한다.
부조리한 일을 뛰어넘기 위해 연구하는 사람은 그 자리에 머물지 않고
몇 단계 성장할 수 있습니다. 부조리한 일을 뛰어넘으려고 하는 사람만
이 영웅이 될 수 있는 것입니다.

2018년 3월
나카타니 아키히로

01 | 승부는 입사 3년 안에 정해진다

성장할 수 있는가, 없는가?

사회에 진출했을 때 과연 대학에서 공부한 것들이 얼마나 도움이 된다고 생각하는가?

현실은 잘 알다시피 그 시절 공부한 것들은 크게 도움이 되지 않는다. 대학에서 했던 공부로 버틸 수 있을 정도로 사회는 그렇게 만만한 곳이 아니다. 그래서 진정한 의미의 공부는 *사회에 나와서 시작된다* 말할 수 있다. 회사에 입사했다고 공부에서 해방되었다고 생각한다면 그것은 젖을 뗐으므로 어른이 되었다고 생각하는 것과 같다. 왜냐하면 우리가 65세까지 일한다고 가정했을 때, 초등학교에서 대학까지 공부했던 기간보다 몇 배는 더 일해야 하고 우리의 성장은 계속되어야 하기 때문이다.

65세까지 일해야 한다고 생각하면 상당히 오랜 시간이라고 느껴질지 모르겠지만 아직 여유가 있다고 마음을 놓아서는 안 된다. 인생의 승부는 입사 3년 안에 정해지니까 말이다. 더구나 이것은 에둘러 표현한 것으로, 사실 직장에서 승부의 갈림길은 입사 1년 안에 정해진다.

회사에 첫발을 내디딘 신입사원이 앞으로 성장할 수 있느냐, 없느냐의 이 중대한 문제는 입사 후 3년 안에 이미 승부가 난다. 따라서 입사 3년 안에 상사로부터 인정받지 못하면 남은 인생을 낙오자 사이에서 방황하게 될 수 있다.

혹시 자신은 대기만성형^{大器晚成形}이라서 남보다 조금 늦게 출발해도 얼마든지 따라잡을 수 있다고 여기는 사람이 있다면 이 사실을 명심하자. 입사 3년 안에 벌어진 차이는 평생 따라잡을 수 없다고 말이다.

패배에 길들지 마라

인생은 마라톤이나 마찬가지다. 마라톤 경기를 보면 알 수 있듯이 선수들은 출발점부터 자연스럽게 몇 개의 그룹으로 나누어진다. 그런 다음에 선두 그룹은 선두 그룹의 속도로 달리고, 중간 그룹은 중간 그룹의 속도로 달린다. 그리고 가장 뒤처진 그룹은 시간이 흐르면서 점점 더 뒤처지게 된다.

문제는 꼴찌 그룹에 속한 사람들이다. 어느 순간부터 꼴찌 그룹이란 사실을 잊어버리고 다른 사람과 비슷한 속도로 달리고 있다는 착각에 빠지는 것이다. 하지만 도착 지점에서 보면 들어가는 시간대는 그룹별로 엄청난 차이를 보게 된다.

이런 현상은 회사 안에서도 마찬가지다. 자신은 다른 사람과 똑같은 능력으로 일하고 있다고 여길지 모르지만 어느 그룹에 속해 있느냐에 따라 그 격차는 걷잡을 수 없이 벌어진다. 물론 중간 그룹에 속한 사람에게 승리의 트로피가 돌아가는 일은 없다.

이렇게 말하면 인생은 경쟁이 아니라고 반박하는 사람이 있을지도 모르겠다. 그러나 우리는 사회에 발을 내디딘 순간부터 치열한 경쟁에 들어가게 된다. 또한 그것은 엄밀히 말하면 자신과의 경쟁이기도 하다. 인류의 역사는 이런 경쟁과 싸움 속에서 발전해왔다. 그러므로 자신과의 싸움에서 패배에 길들지 않는 것이 중요하다.

성장은 시시한 일이 아니다

회사에 입사하면 처음엔 다양한 일을 어쩔 수 없이 맡게 된다. 요행이 내가 좋아하는 일을 하게 될 수도 있지만 때로는 지긋지긋한 업무도 껴안아야 한다. 그리고 상사의 눈에 띄지 않는 허드렛일을 오랫동안 할 수도 있다. 그런 때에는 '이런 일을 하기 위해 내가 이 회사에 들어왔는가?'라는 의문이 고개를 치켜들 수밖에 없다.

그렇다면 우리는 무엇을 위해 회사에 들어왔으며 무엇을 위해 노력하는 것일까? 사실 대답은 한 가지여야 한다. 바로 자신이 성장하기 위해서다. 즉 일하기 위해 자신을 성장시키는 게 아니라 자신의 성장을 위해 일하는 것이다.

재미있는 일도, 시시한 일도 모두 자신을 성장시키기 위해서 해야 한다. 일을 재미있고 없고의 문제로 판단하지 말고 자신을 성장시키기 위한 수단으로 여겨야 한다.

다시 한번 강조하지만 인생의 최종 목표는 더 높은 곳에 도달할 수 있도록 자신을 성장시키는 것이고, 일은 어디까지나 그것을 위한 수단이 되어야 한다. 따라서 회사에 입사하면 어떻게 해서라도 선두 그룹에 속해야 한다. 처음에는 적당한 속도로 달리다 골인 지점이 보일 때 최선을 다하면 된다고 생각하는 사람은 평생 선두 그룹과의 차이를 좁힐 수 없다.

promition manager
Akihiro Nakatani

FOLLOW

RULE
01

처음부터 선두 그룹과 함께 하라

회사에서의 경쟁은 자신과의 싸움이다.
자신을 성장시키기 위해
뜻을 높게 가져라.

♥ 32,124 likes

Move Your Heart #75 Rules to become
#a Winner #with in 3 years #after coming around

02 | 스승의 가르침을 부지런히 메모하라

상사인가? 스승인가?

입사 3년 안에 직장 내에서 냉정하게 조언해주는 스승을 만나지 못한 사람은 앞으로 그일에서 성공하기가 매우 어렵다고 나는 본다. 왜냐하면 그런 사람은 '이렇게 일해도 안전하네!'라며 일을 얕잡아보게 되고 '이 정도면 충분히 한 거야!'라며 일에 대해 기준을 무의식 중에 낮추기 때문이다.

목표가 낮은 사람은 그 이상의 일을 해낼 수 없다. 인생에서 성공하려면 되도록 처음에 목표를 높게 설정해야 한다. 그리고 혹독하게 조언해주는 스승을 발견해서 끈질기게 매달려야 한다.

만약 행운의 여신이 당신 편이라서 그런 스승을 만나게 되었다면 피하지 말고 적극적으로 조언을 구해야 한다. 회사에 들어가 당신이 촉을 높이 세우고 발견해야 하는 것은 좋은 상사가 아니라 자신의 인생을 성공으로 이끌어줄 탁월한 선배이자 스승이다.

내가 만난 최초의 스승은 일생에 한 번 만날까 말까 한 천재였다. 그러나 애석하게도 만난 지 1년 만에 암으로 세상을 떠나고 말았다.

그 다음에 만난 스승은 '지옥의 연수 대왕'이라는 별명을 가지고 있을 만큼 1년 365일 연수를 실천하는 사람이었다.

"자네는 가능성이 보이니 내가 다른 사람이 10년 걸릴 것을 3년 안에 모두 가르쳐주지."

"아닙니다. 괜찮습니다."

"아니, 나한테 배울 생각이 없나?"

"조금도 없습니다."

그러면서 나는 끈질기게 그를 피해 다녔다.

그러나 끝내 성공하지 못하고 7년 동안 그에게서 꼬박 일을 배웠다. 그리고 나는 지금 그 스승이 베풀었던 연수의 은혜를 후배들에게 널리 베풀고 있다. '지옥의 연수 마왕'으로 결국 거듭난 것이다!

스승의 품속으로 뛰어들라

그렇게 된 데는 이유가 있다. 처음에는 사사건
건 참견하는 그가 싫어서 계속 피해 다녔다. 그때
그의 제자였던 선배가 이런 말을 했다.

"이봐, 그렇게 도망치지만 말고 자네의 생각을
확실하게 말해보게."

자기 생각을 확실하게 말한다는 것은 곧 상대방
의 품속으로 뛰어든다는 뜻이다. 가슴끼리 부딪칠
때 진정한 의사소통이 시작되기 때문이다.

선배의 조언을 계기로 나는 스승에게 나의 의견
을 말하기 시작했다. 그러자 나의 관점에서 조금
이라도 삐딱한 구석이 발견되면 영혼이 탈탈 털
릴 때까지 스승의 설교를 들어야 했다.

그러나 시간이 지나면서 점차 나는 스승의 사
고방식을 이해할 수 있게 되었고 내가 어떻게 일
하면 스승에게 인정받을지도 예측할 수 있게 되
었다. 또한 시정을 듣지 않도록 미리 대책을 마련
할 수도 있었다. 이러한 과정을 거치면서 결국 일
에 관한 스승의 유전자가 자연스럽게 내게로 스
며들게 되었다.

1년 만에 세상을 떠난 스승 밑에 있었을 때는 한시도 스승의 곁을 떠나지 않고, 사소한 것이라도 열정적으로 배웠다. 그때 나는 스승의 가르침을 부지런히 메모했다. 아쉽게도 최초의 스승은 만난 지 1년 만에 세상을 떠났지만, 그 1년 동안 배운 것을 머릿속에 되새기면서 진정한 나의 일부로 만들 수 있었다.

나에겐 지적질이 필요해

젊은 시절에 혹독하게 조언해주는 사람을 만난 사람과 그렇지 못한 사람의 미래는 달라질 가능성이 크다. 초기에는 차이가 크지 않아 보일 수 있지만 시간이 지날수록 그 격차는 더 벌어지게 된다.

지금 자신에게 냉정하게 조언해주는 사람이 있는지 곰곰이 떠올려 보자. 만약 그런 사람이 없다면 지금이라도 늦지 않았으니 그런 사람을 찾아서 매일 달려가야 한다.

promition manager
Akihiro Nakatani

FOLLOW

RULE
02

평생을 배울 은사를 찾아라

나만의 스승을 찾아라.
담대하게 훈련하라.
안전보다 위험을 선택하라.

♥ 32,124 likes

Move Your Heart #75 Rules to become
#a Winner #with in 3 years #after coming around

21

03 | 이 세상에 재미있는 일은 없다

가슴 뛰는 일을 찾아내라

한창 꿈에 부풀어 있을 20대에게 이런 말을 하려니 가슴 아프지만, 이 세상에 재미있는 일이 하나도 없다. 그렇다고 실망할 필요는 없다. 남들이 모르는 즐거움을 직접 찾아 즐기는 것이 가능하기 때문이다. 가슴과 머리를 새로운 것들로 가득 채우는 느낌으로 나를 둘러싸고 있던 한계를 깨고 성장하는 재미가 그것이다.

사람이 일하는 것은 재미있는 일을 하기 위해서가 아니라 가치 있는 목표를 성취하기 위해서다. 그렇기 때문에 의미 있는 목표를 설정하지 못하면 아무리 재미있는 일이라 할지라도 지속할 수 없다. 처음에는 재미있어 보여 시작하더라도 시간이 지나 장애물을 만나게 되면 걸려 넘어지기 쉽다. 그러면 일에 관심도 떨어지고 흥미도 잃게 된다.

　의미 있는 목표가 있다 해도 그 일이 반드시 편한 길의 연속이라는 의미는 아니다. 더욱이 자신이 좋아해서 하는 일이라면, 그 일을 마무리하기가 더 어려워진다. 자신이 좋아해서 하는 일인 만큼 적당히 타협하지 않고 대충 넘어가는 경우가 없기 때문이다. 힘은 들지만 정신없이 빠져들 수 있는 일, 그것은 가치 있는 목표가 있기 때문에 가능한 것이다.

　그렇다면 의미 깊은 목표는 어디에서 오는 것일까?

　어떻게 하면 가슴 뛰는 목적을 발견할 수 있을까?

　그것을 발견하는 데는 두 가지 길이 있다고 생각한다. 하나는 상사에게 배우는 것이고, 또 하나는 자신이 직접 발견하는 것이다.

수단의 도구로 전락하지 마라!

　자신이 가만히 앉아 있어도 직장 선배가 의미 있는 목표를 찾아줄 거라고 기대해서는 안 된다. 당신의 상사인 중간관리자들에게는 목적이 없으니까! 그들의 대부분은 고도성장기에 20대를 보낸 사람들이다. 그때는 목표 같은 것을 생각하지 않아도 되던 시대였다.

　목적은 그 이전, 즉 전쟁이 끝나고 경제부흥기에 사업을 시작한 경영자들이 만들어냈다. 경제 발전을 이루어 사람들에게 일자리를 제공함으로써 먹고살 걱정을 하지 않게 만들기 위해서였다. 현재의 중간관리자들은 그런 목표를 염두에 두고, 그 목적을 달성하기 위해 가장 적합한 수단은 무엇인지를 생각해왔을 뿐이다.

그러므로 상사들의 특기는 '수단'이지 '목적'이 아니다.

"드디어 나도 입원했어. 위가 좋지 않아서 수술해야 한대. 마침내 나도 프로의 반열에 올라선 거야!"

이것이 상사들이 가지고 있는 일에 대한 관점이다. 즉 '열심히 일하고 있다는 증거'를 위궤양으로밖에 증명할 길이 없는 것이다.

만일 인간적으로 맞지 않는 상사를 만났더라도 걱정할 필요가 없다. 그는 언젠가 이직을 하던, 입원을 하던 할 것이므로 당신과 함께 보낼 시간은 그렇게 많지 않을 것이다.

위궤양으로 입원해야 할 때, 상사는 너무도 만족한 얼굴로 이렇게 말할 것이다.

"위궤양으로 입원해야 한다지 뭔가? 으하하."

그럴 때는 '이 회사는 오래 다닐 데가 못 된다'라고 두려움을 가져야 한다. 그런 사람이 어떻게 부하 직원에게 의미 있는 목적을 안겨주겠는가? 그리고 애초에 자기 스스로 목적을 발견하지 못하면 일에 대한 열정도 생기지 않는다. 그러므로 재미있는 목적은 반드시 자기 자신이 발견해야 한다는 사실을 잊지 말기 바란다.

promition manager
Akihiro Nakatani

FOLLOW

RULE
03

삶의 대부분의 재미는 일에 있다

상사가 나의 삶을 찾아주진 않는다.
의미 있는 목표를 직접 찾아내면
재미없는 일이 흥미롭게 바뀐다!

♥ 32,124 likes

Move Your Heart #75 Rules to become
#a Winner #with in 3 years #after coming around

04 | 자기 분야에서 목표를 발견하라

멘토란 무엇일까?

자신이 몸담고 싶어 하는 분야에서 10년, 20년이 지났을 때 '나도 정말 저 사람처럼 되고 싶다'라는 생각이 들게 만드는 사람이 바로 멘토^{mentor} 즉, 스승이라 말할 수 있다. 인생에서 성공하고 싶다면 한시라도 빨리 롤모델로 삼을 만한 사람을 발견하고, 그런 사람을 만들어야 한다. 바람직한 멘토를 만나지 못하는 것은 기회가 없기 때문이 아니라 자신의 내부에 간절한 바람이 없기 때문이다. 다시 말해 자신의 내면에 뚜렷한 목표의식이 없거나 문제의식이 없는 사람은 결코 좋은 스승을 만날 수 없다. 어렴풋이나마 '나는 세상에서 이런 일을 하고 싶다', '이런 문제를 해결하고 싶다'라는 문제의식을 느끼고 있는 사람만이 비로소 시대정신을 가지고 있는 좋은 스승을 만날 수 있다.

자신을 성장시키는 만남은 언뜻 보기에 중요한 만남이 아닐지도 모른다. 그러나 중요한 만남도 처음에는 사소한 만남에서 시작되는 경우가 많다. 그러므로 인생에서 가장 중요한 관계는 전혀 예상하지 못한 곳에서 시작되기 마련이다. 우연히 지나쳤다든지, 잠시 이야기를 나누었다든지, 책을 통해 만났다든지, 그런 순간적인 만남도 놓쳐서는 안 된다. 그리고 회사에서 상사와 부하 직원으로 만나는 것, 이것은 자신의 미래를 결정짓는 매우 중요한 만남이기도 하다.

경기 전체를 보는가?

마음속에 문제의식이라는 예리한 안테나를 가진 사람만이 자기 분야의 실력자를 만나 배울 기회를 얻는다.

예를 들어 축구경기를 보러 갔다고 하자. 비록 패스가 자기편으로 연결되지 않아도 "지금의 패스는 정말 멋있었다!"라고 말할 수 있는 사람은 축구를 아는 사람이다. 축구를 모르는 사람은 패스가 실패하면 그것으로 끝이다. 지금의 패스가 얼마나 멋있었는지, 얼마나 상대방의 간담을 서늘하게 만들었는지 깨닫지 못한다.

'10년 후에는 최소한 저 사람처럼 되고 싶다.'

이런 사람을 감지感知하는 것은 매우 중요한 일이다. 이것은 10년 후에 자신이 어떤 일을 하고 있을지, 무엇이 되어 있을지를 구체적으로 그리는 방법이다. 10년 후에 어떤 사람이 되고 싶은지가 피상적인 관념에 머무르는 사람은 구체적인 그림을 그릴 수 없고 과정을 전개할 수 없다.

목적은 자신을 성장시키기 위해서다

신입사원을 면접할 때 지원동기를 물어보면 대부분 앞으로 이런 일을 하고 싶다는 대답뿐 구체적인 내용을 발견할 수 있는 경우는 드물다. 하지만 장래 목표는 가능하면 구체적으로 세워야 한다. 그렇지 않으면 그 목표에 가까이 다가갈 수 없다. 선명한 비전이야말로 일에 대한 열정이 강한 사람만이 그릴 수 있다. 그리고 구체적인 목표가 되는 것이 바로 멘토의 역할을 할 수 있는 상사이고 선배이다. 사실 상사와 선배라는 표현도 될 수 있으면 사용하지 않는 편이 좋다. 나는 회사생활을 하는 동안 상사를 스승으로, 선배를 형님으로 불렀다.

회사라는 조직에서 일하는 목적은 자신을 성장시키기 위해서다. 그리고 자신을 성장시키려면 도제제도徒弟制度에서처럼 스승과 형님으로부터 재능을 훔치는 것이 중요하다. 그러므로 회사에 들어가면 우선 10년 후의 자신을 그려보며 자기 분야에서 멘토를 발견하고 부지런히 배우려는 마음가짐을 가져야 한다.

promition manager
Akihiro Nakatani

FOLLOW

RULE
04

직장생활의 멘토를 설정하라

10년 후의 자신을 그려보라.
비전을 제시하고 목표를 공유할
멘토를 설정하고 노하우를 훔쳐라.

♥ 32,124 likes

Move Your Heart #75 Rules to become
#a Winner #with in 3 years #after coming around

05 | 양量은 질質로 운동한다

잡무의 폭풍우를 견뎌내라

처음에 회사에 들어가면 잡무의 폭풍우에 시달리게 된다. 잡무의 급류에 휩쓸려 떠내려가는 것을 반기는 사람은 세상에 없다. 그러나 기억해두어야 할 것은 신입사원은 일단 다양하고 많은 양의 일을 해내야 한다는 것이다.

당신은 회사에 들어가자마자 질質로 승부를 겨루려고 할지도 모른다. 되도록 효율적으로 일하는 방법을, 될 수 있으면 빨리 인정받을 수 있는 방법을 눈에 불을 켜고 찾으려고 할 것이다. 그러나 이제 막 입사한 신입사원이 어떻게 일의 수준으로 승부를 겨루겠는가? 그런 식으로 방법을 찾으려고 하면 오히려 성공에서 멀어질 수밖에 없다.

신입사원 시절에는 다양하고 많은 양의 일을 해내는 것이 중요하다. 그런데 퇴근 후의 시간을 즐기고 싶어 하는 당신은 '늦게 퇴근하기'를 싫어할지도 모른다. 시간외수당을 받지 못하는 야근을 싫어할지도 모른다.

물론 오전 9시에 출근해 오후 5시에 퇴근하면 기본 월급은 받을 수 있다. 단지 먹고 살기 위해 일하는 사람이라면 그렇게 일해도 상관없다. 하지만 시계만 바라보며 퇴근 시간만 기다리는 당신에게 성장을 기대하는 것 또한 어려운 일이다. 빨리 성장하기를 원한다면 업무에 더 집중하고 숙련도를 높이도록 훈련하는 것이 필요하다.

비즈니스 사회에서는 양이 질로 바뀌는 순간이 반드시 찾아오게 되어 있다. 많은 양의 일을 하다 보면 그 과정에서 반드시 일의 차원이 높아진다. 실제로 일을 잘하는 사람은 짧은 시간 동안 많은 양의 일을 해낸다. 그런 사람은 '비즈니스의 천재'다. 천재는 양과 질을 모두 처리할 수 있는 사람을 가리킨다. 프로의 세계에서 질적인 면에서만 뛰어난 천재는 없으니까 말이다.

나만의 빅 데이터^{BIG DATA}를 구축하라

예전에 나는 광고회사에서 기획업무를 담당하던 시절 하루에 엄청난 양의 광고 문구를 생각해내야 했다. 아무리 탁월한 실력자라도 처음 100편의 광고 문구는 모두 비슷한 수준에서 머문다. 누구나 생각해낼 수 있는 평범한 것들이 주를 이룬다. 어쩌면 당연한 것이다. 그러나 초짜들은 처음부터 멋들어진 광고 카피를 뽑아내려고 하는데 실상은 머리를 움켜쥐고 고민에 빠지기 일쑤다. 반대로 프로들은 처음에는 평범해도 상관없다고 생각하고 머리에 떠오르는 100편의 광고 문구를 써 내려가기 시작한다. 자신만의 빅 데이터를 구축하는 것이다. 그렇게 시시한 작품이라도 100편 정도 쓰다 보면 누구도 생각해내지 못하는 번뜩이는 아이디어가 튀어나올 수 있다. 처음부터 훌륭한 아이디어가 떠오르는 사람이 어디 있겠는가!

수도꼭지를 틀었을 때, 녹물이 나오는 경우가 있다. 이때 수도꼭지를 잠가버리면 녹이 빠지지 않고 계속 수도꼭지 안에 남게 된다. 그럴 때는 일단 수돗물을 빼내야 한다. 녹을 전부 씻어내야 깨끗한 물이 나오는 것이다. 천재는 그런 사실을 너무도 잘 알고 있는 사람이다.

반면에 아마추어는 처음부터 깨끗한 물을 사용하기 위해 팔짱을 끼고 고민에 잠기는 사람이다. 그것이 아마추어와 천재의 차이다. 그리고 처음 입사해서 많은 양의 일을 해내야 하는 이유이기도 하다.

실력은 쌓이는 것이다

처음에는 쓸모없는 기획안을 내놓아도 모두 이해해준다. 상사는 당신이 처음부터 중요한 일을 해내거나, 훌륭한 기획안을 작성하거나, 많은 제품을 팔아 오리라고 기대하지 않는다. 그보다는 '제품을 팔러 갔지만 실패했습니다'라는 식으로, 얼마나 성실히 일을 수행하여 경험을 축적하는가를 지켜보고 있다.

그러므로 승부의 관건은 질이 아니라 양이다. 많은 양의 일을 처리하라. 어느 순간에 양이 질로 바뀌어져 있는 순간을 맛보게 될 것이다.

BIG DATA : '빅 데이터'란 대량의 축적된 데이터로부터 가치를 추출하고 결과를 분석하는 기술이다. 다변화된 현대 사회를 정확하게 예측하여 효율적으로 작동케 하고 개인 맞춤형 정보를 제공, 관리, 분석을 가능하게 한다는 점에서 각광받고 있다.

데이터의 양 *volume*, 속도 *velocity*, 다양성 *variety*이 담보되어야 빅 데이터로서의 가치가 있다.

promition manager
Akihiro Nakatani

FOLLOW

RULE
05

실패의 양이 성공의 질을 규정한다

물을 계속 부어라. 콩나물이 자란다.
성공은 태도이다. 끝까지 인내하라.
양은 반드시 질로 치환置換 한다!

♥ **32,124 likes**

Move Your Heart #75 Rules to become
#a Winner #with in 3 years #after coming around

06 | 훈계訓戒는 나의 에너지

혼날수록 성장한다

회사에 처음 입사한 신입사원들은 대부분 일이 서툴고 따라서 선배들로부터 많은 시정과 훈계를 듣게 되어 있다. 어쩌면 **신입사원들에게 월급은 야단맞는 대가라 해도 과언이 아니다.** 이렇게 '바로잡는 과정'을 대면하지 않고 훌륭한 비즈니스맨으로 성장할 수 없다.

회사에 입사한 순간, 우리의 인격은 완전히 무시당하게 된다. 상사는 당신을 벌레 보듯 함부로 취급할지도 모른다. 더구나 부하 직원을 상사의 노예라도 되는 것처럼 부릴 수 있다. 그것은 상사가 인격적으로 성숙하지 못한 사람이라서가 아니라고 생각하자. 한 사람의 기업인으로 성장하는

데 필요한 과정이라 생각해보자. 안일하게 일하고 안정만 추구하는 사람은 제대로 성장할 수 없다고 말이다.

요즘은 회사에서 부하 직원을 야단치는 상사를 찾아볼 수 없다. **누군가를 야단치고 가르치려면 엄청난 에너지가 필요하다.** 아무리 상사에게 부하 직원을 키워야 할 책임이 있다 해도, 상사 역시 부하 직원에게 원한을 사고 싶지는 않은 법. 자신의 출세에 지장이 없도록 부하 직원을 단속하고 조심하고 싶을 뿐이다. 그러나 현실은 부족한 부하 직원의 능력을 상사 본인이 만회하려다 과로로 쓰러지는 경우도 많다. 부하 직원의 일까지 상사가 떠안아서 생기는 일이다. 결국 자신은 야단맞고 발전할 기회를 놓치는 것이다.

그러므로 다음에 상사에게 야단맞을 기회가 온다면 "고맙습니다!"라고 고개를 숙이며 인사하고 기쁜 마음으로 반겨라. 그의 관심을 불행 중 다행으로 여겨라. 그런 태도로 일하다 보면 야단맞는 횟수가 줄어들며 상사는 귀가 따갑도록 잔소리를 하는 대신에 냉정하게 일을 가르쳐 줄 것이다.

야단맞을 때 "하지만……"이라고 어설픈 반론은 하지 말자. 오히려 상사가 감정적으로 변하게 될지 모른다. 만일 사람이 감정적으로 야단을 맞고 혼이 나게 되면 작은 것도 납득하기 어려워지고, 그 교훈을 자기 것으로 만들지 못하게 된다.

해탈에 이르러야 한다

상사에게 이성적으로 야단맞으려면 한발 뒤로 물러나 "제가 잘못했습니다. 가르쳐주셔서 고맙습니다!"라고 고개를 숙일 줄 알아야 한다. 이것은 단순히 말의 문제가 아니다. 앞에서 혹독하게 조언해주는 사람에게 매달리라고 했는데, 야단쳐주는 사람에게는 "고맙습니다!"라는 자세로 일해야 한다.

영업을 하다가 고객이 클레임을 제기했을 때 "제가 미처 신경 쓰지 못한 부분을 지적해주셨군요. 정말 고맙습니다!"라고 고개를 숙이는 것과 마찬가지다. 그리고 한 걸음 더 나아가 "혹시 그것 말고 잘못된 부분은 없습니까?"라고 되물을 수 있는 사람이 진정한 비즈니스맨의 정신이 아닐까?

자신이 담당하지 않는 분야의 고객에게 클레임 전화를 받았을 때 "저는 담당자가 아닙니다. 담당자에게 전화를 돌려드리겠습니다."라고 도망치는 사람이 있다. 그러면 고객의 클레임은 불만으로 변한다. 여기에서 명심해야 할 것은 클레임과 불만은 다르다는 점이다. 클레임은 고객이 제기할 수 있는 정당한 요구사항이다. 클레임에 대한 대응이 제대로 이뤄지지 않으면 그것이 감정적인 불만으로 변하게 된다.

성인의 반열에 오르라

이런 상황은 상사와 부하 직원 사이에서도 일어난다. 상사가 당신을 야단치는 것이 '클레임일까, 화풀이일까?'를 잘 판단해야 한다. 당신의 발전을 위해서 객관적인 문제점을 지적하고 개선을 요구하는 것은 당신에게 한 수 가르쳐주기 위해서일 수 있다.

이럴 때는 '정말 고마운 일이다! 나에게 미움을 받을 수도 있는데 열정을 가지고 나의 발전을 위해 야단쳐주시다니!'라고 생각하라. 상사가 심하게 야단치면 칠수록 더욱 고마운 마음을 가져야 한다. 이러한 태도를 가진 사람만이 자신을 진정으로 성장시킬 수 있다.

CLAIM : a statement that one is unhappy about something
'클레임'은 어느 고객이든 제기할 수 있는 객관적인 문제점에 대한 고객의 지적을 의미한다.

COMPLAINT : a demand for money or other benefit
'컴플레인'은 고객의 주관적인 평가로, 불만족스러운 메뉴 및 서비스에 대한 불평을 의미한다.

promition manager
Akihiro Nakatani

RULE
06

훈계를 받은 만큼 삶은 쉬워진다

훈련이 없다면 성장도 없다.
조언은 목표와 달성을 이어준다.
마음을 잡지 못하면 마음이 우리를 잡는다.

♥ 32,124 likes

Move Your Heart #75 Rules to become
#a Winner #with in 3 years #after coming around

40

07 | 책상을 부숴버리고 싶은 경험도 필요하다

주먹을 날릴까? 책상을 부술까?

일하다 보면 책상을 부숴버리고 싶을 만큼 화가 치미는 순간이 있다. 그럴 때 웃을 수 있는 사람은 비즈니스 무대에서 성공할 가능성이 다른 사람에 비해 높다.

비즈니스 업계에서 성공하려면 머리끝까지 화가 치밀고 손톱이 살을 파고들 정도로 두 손을 불끈 쥔 상황에서도 웃는 얼굴로 이렇게 말할 수 있어야 한다.

"이런 관점은 제가 생각하지 못했습니다."

"깨닫게 해주시니 눈이 떠지는 느낌입니다."

신입사원 시절은 고난의 연속이다. 그리고 그런 과정을 통해 당당한 직장인으로 성장해간다.

회사에 입사한 순간부터 나의 최대 고객은 상사라고 생각하자. 상사는 회사 안에 존재하는 가장 어려운 고객이다. 차라리 일반 고객들은 관대한 편이다. 오히려 직속 상사가 사사건건 나에게 클레임을 많이 하는 가장 까다로운 고객이 될 수 있다.

따라서 당신도 언젠가는 상사에게 주먹을 날린다든지 책상을 부숴버리는 운명의 시험대에 설 수밖에 없다. 그리고 되도록 빨리 그런 상황을 경험해야 한다. 그래야 정신적으로 독립된 한 사람의 비즈니스맨으로 우뚝 설 수 있다.

팔짱 낀 분노는 없다

입사한 지 3년 안에 책상을 부숴버리고 싶은 경험을 했다면 비즈니스맨으로 일단 합격이다. 대부분은 좀처럼 그런 경험을 하지 못한다. 왜냐하면 그렇게까지 최선을 다해 일하지 않기 때문이다.

책상을 부숴버리고 싶다는 것은 '나는 이렇게까지 열심히 일하고 있는데 다른 사람은 팔짱만 끼고 구경하고 있네!'라고 머리끝까지 화가 치밀었기 때문이다. 적당히 일하는 사람에게는 책상을 부숴버리고 싶은 충동은 일지 않는다. '이 정도만 일하면 충분하겠지!'라고 자신을 납득시키면 자신을 억제할 수 없을 만큼 화가 치밀지도 않는다. 그런 경우에는 일이 원만하게 마무리되었다 하더라도 가슴속 깊이 희열을 느낄 수 없다. 다시 말해 충분한 성취감을 느낄 수 없다.

회사에 들어가면 한시라도 빨리 '됐다! 드디어 해냈어!'라는 성취감을 느껴보는 것이 매우 중요하다. 처음엔 그런 성취감을 느끼는 순간이 주로 사소한 일을 해냈을 때다. 처음 입사한 신입사원에게 중요한 일은 주어지지 않을 테니까 말이다.

당신은 되도록 빨리 눈에 띄는 일, 화려한 일을 하고 싶다고 생각할지도 모른다. 하루빨리 자신만의 일을 따내고 깊은 성취감을 맛보고 싶겠지만 처음에 주어지는 일은 공동작업의 작은 부분이고 그런 역할에 만족해야 한다. 그러나 실망할 필요는 없다. 언젠가 상사나 선배가 너무 바빠 혼자 일을 감당해야 하는 상황이 벌어졌을 때 그 기회의 순간을 내 것으로 만들 수 있는 날이 올 것이다.

성공을 습관으로 만들라

"됐다! 드디어 내가 혼자의 힘으로 이것을 해냈어!"

이런 순간을 만나지 못한 사람은 작은 일이라고 무시하는 태도를 보이게 된다. 그리고 처음부터 중요하고 거창한 일만 일이라고 착각하는 경우가 생긴다. 그런데 중요한 일은 대부분 팀플레이로 이루어지지 혼자 하는 경우는 드물다. 더구나 여러 사람과 함께 하는 작업에서는 전체의 일을 꿰뚫기보다 자신이 맡은 작은 부분에 집중해야 하기 때문에 내가 혼자 일을 해냈다는 성취감을 맛보기 어렵다.

반면에 작은 일은 처음부터 끝까지 혼자 처리해야 하므로 일을 한다는 느낌을 실감할 수 있게 된다. 그리고 그런 경험을 통해 작은 일도 내 손으로 마무리했을 때 보람되고 재미있다고 생각하게 된다. 일의 성취감을 비로소 맛볼 수 있게 되는 것이다. 그런 경험을 빨리할수록 좋다. 그러지 않으면 '일은 이렇게 적당히 마무리해도 탈이 없구나'라는 안일한 생각에 지배를 받을 수 있다. 그렇게 되면 평생 평범한 비즈니스맨으로 살아갈 수밖에 없다.

일을 괴로운 것으로 생각하는가, 아니면 즐겁고 재미있는 것으로 생각하는가? 이것은 작은 일에서 성취감을 느꼈느냐, 그렇지 못했느냐에 따라서 확연히 달라질 수 있다.

그러므로 '내가 혼자 일을 해냈다!'라는 경험과 함께 희열을 느껴보기 바란다. 그런 감동이 쌓일 때 당신은 어느새 성공한 직장인이 되어 있을 것이다.

promition manager
Akihiro Nakatani

FOLLOW

RULE
07

벅찬 감동은 작은 일로부터

작은 일을 기회라고 생각하기.
처음부터 끝까지 혼자 해내기.
'해냈다!'는 경험을 체험하기.

♥ 32,124 likes

Move Your Heart #75 Rules to become
#a Winner #with in 3 years #after coming around

08 | 혼자만의 시간을 가져라

하루 10분, 독서의 힘

사회생활을 시작하면서 무엇보다 중요한 것은 혼자만의 시간을 얼마나 가질 수 있느냐 하는 것이다. 왜냐하면, 직장이라는 곳은 출근해 퇴근 때까지 상사 또는 동료와 함께 일을 해야 하는 곳이므로, 학창 시절처럼 자유로운 시간을 즐기고 오롯이 혼자만의 시간을 가질 수 없다. 그런데도 혼자만의 시간을 내고 즐기는 사람은 인격적으로도, 사회적으로도 눈부시게 발전할 가능성이 매우 높다.

혼자 있는 시간이 없으면 인간의 사고思考는 정지해버린다고 한다. 자신을 들여다볼 시간도 책을 읽을 시간도 갖지 못하기 때문이다. 자신을

성찰하고 공부한다는 것은 이 세계를 살아갈 힘을 얻는다는 의미이기도 하다. 사실 지혜란 답을 찾아내는 것이 아니라 질문하는 법을 배우는 것이다. 자신에게 질문함으로써 내가 누구인지 밝히고 나의 좌표가 어디에 놓여있는지를 확인하는 것이다. 그래야 이 세계를 지날 방향을 알 수 있는 것이다.

우리는 기본적으로 행복한 삶을 원한다. 그리고 개인적으로 성숙하고 아름다운 사람됨을 갖기 원한다. 삶의 품격을 원하고 모든 것을 균형 잡히고 합리적으로 처리하는 지적인 모습을 꿈꾼다. 이 모든 바람직한 특성들은 어떻게 내 것으로 만들 수 있는가?

사실 방법은 아주 간단하다. 독서를 하면 된다. 인간다운 품격은 아름다운 내면의 지성이 얼굴을 통해 빛을 내기 마련이다. 또한, 책을 읽는다는 것은 스스로 사고한다는 의미이다. 모든 것에 대해 스스로 생각하는 사람과 그렇지 않은 사람의 인생은 전혀 다를 수밖에 없다. 독립적이고, 자유롭고, 당당한 지성은 독서라는 방법을 통해 만들어진다.

떠내려가지 않으려면

그러나 혼자만의 시간을 갖지 못하는 사람이 어떻게 책을 읽을 수 있겠는가? '아침에 일어나서 출근하고, 밤에는 별 보며 퇴근하는 우리들이 책 읽을 시간이 어디 있느냐고!' 항변抗辯하고 싶을지도 모르겠다.

그런데도 매일 '하루 10분' 자신만의 시간을 내어 독서를 하는 사람과 그렇지 못한 사람의 미래는 다를 수밖에 없다. 특히 회사에 입사한 다음에는 더욱더 그러하다. 공부하지 않는 사람은 절대 선배나 스승을 따라잡을 수 없다.

강물에 빠졌을 때, 열심히 손발을 휘젓지 않으면 물속으로 가라앉고 만다. 열심히 헤엄치지 않으면 강물에 휩쓸려 하류로 떠내려간다.

지금 당신의 목표는 하류가 아니라 아득히 먼 곳에 있는 상류다. 상류로 올라가려면 강물의 속도보다 더 빨리 헤엄쳐야 하고, 그러려면 더 열심히 공부해야 한다는 사실을 명심하자.

읽는 만큼 성장한다

21세기는 눈이 팽팽 돌 정도로 빠르게 변화하고 있다. 즉 당신은 지금 세차게 흐르는 강물 속에 있는 것이다. 그런 상황에서 공부하지 않으면 낙오자 대열로 들어가고, 인생도 그 수준에서 멈춰버리고 만다. 스포츠 신문에 실릴 만한 시시한 이야기밖에 못하는 상사와 똑같은 수준이라고 만족하고 있으면 어느 순간 선두 그룹에서 뒤처지게 된다.

'저렇게 바쁜 사람이 과연 책 읽을 시간이 있을까?'라고 생각되는 사람이어도 성공한 사람들은 바쁜 와중에도 책을 가까이한다. 그리고 책에서 얻은 지식을 통해 자기 의견을 더 명확하게 말할 수 있게 된다. 그것은 직책이 높아져도 마찬가지다. 승진할수록 회사일은 더 바빠지게 마련이지만 그런 생활 속에서도 항상 목적의식을 가지고 살아야 한다.

끈기와 에너지가 있어야 읽을 수 있는 두꺼운 책에 도전해보자. 한 페이지를 읽는 데 몇 시간씩 걸리고, 모국어로 쓰여 있는데도 무슨 내용인지 몰라서 자신이 한심하게 느껴지는 책에 도전해보는 것도 좋다.

"이 책은 너무 어려워서 아직 다 읽지는 못했지만 대략 이런 내용인 것 같습니다."

상사가 책에 대해 언급했을 때, 이렇게 대화할 수 있게 준비하는 것은 당신의 몫이다. 그러려면 혼자만의 시간이 필요하고, 그 시간에 다양한 독서를 통해 지식을 함양하는 노력이 필요하다.

promition manager
Akihiro Nakatani

FOLLOW

RULE
08

세계는 읽는 자의 몫이다

인생을 바꾸려면 책을 읽어라.
책을 읽을 때 우리는 외로울 수 없다.
시간이 없다는 핑계는 이제 멈춰라.

♥ 32,124 likes

Move Your Heart #75 Rules to become
#a Winner #with in 3 years #after coming around

09 지금 하고 있는 일을 특기로 만들어라

실패의 베테랑이 되라

나는 기업의 부탁을 받고 가끔 면접위원으로 일하는 경우가 있다. 그런데 경력사원을 채용하는 자리에서도 질문의 의도를 정확하게 파악하지 못한 채 일방적으로 자기 자랑만 늘어놓는 지원자들이 있다. 지금까지 무슨 일을 했느냐는 질문에 전에 다니던 회사에서 했던 일 중 화려한 성공 사례만 말하는 것이다.

물론 그것이 나쁘다는 것은 아니다. 그만큼 열심히 일을 해왔다고 자신을 어필하고 싶은 마음이라는 것쯤은 이해하니까. 하지만 **자신의 경험 중에서 살면서 진짜 도움이 되는 것은 지금까지 얼마나 멋있는 일을 해왔느냐가 아니라 실패한 경험을 통해 얼마나 성장을 해왔는가이다.** 처참한 아수라장을 어떻게 헤쳐나왔는가? 이것은 누구도 대신 할 수 없는 자신만의 소중한 산 경험이다. 물론 일을 하면서 성공했던 경험도 중요하다. 그러나 더 중요한 것은 뼈저리게 실패했던 경험이다.

회사생활에서 살아남는 데 필요한 것은 다른 사람으로 대체할 수 없는 자신만의 특기를 갖는 것이다. 아마 여러분도 퇴근 후에 자기계발을 위해 어학원에 다니거나, 자격증을 딴다거나, 자신만의 블로그를 개설하는 등 여러 가지로 모색을 하고 있을 것이다. 그러나 굳이 멀리서 찾지 않아도 나만의 특기가 될 수 있는 일이 있다. 그것은 바로 현재 '자신이 하는 일'이다. 사실 사람은 자기가 하고 있는 일을 특기라고 생각하지 않는다. 그 일 말고 무언가 다른 일이 없을까 두리번거리곤 한다. 그런데 세상에는 너무나 다양한 직업이 있고, 사람마다 하는 일은 모두 다르다. 때문에 자신이 매일 하고 있으며 남들보다 잘하는 지금의 일이야말로 다른 세계로 갔을 때 엄청난 특기가 되지 않을까?

월급은 거들뿐

누구나 신입사원 시절 초봉은 겸손하다. 그런 현실에 불만을 갖기보다 여기저기에 널려 있는 노하우를 자기 것으로 만드는 데 집중하는 것이 어떨까? 입사 3년째까지는 일을 배우면서 월급도 받는다고 생각하자. 오히려 일을 배우면서 월급까지 받는다는 사실이 놀랍지 않은가? 회사가 아닌 직업학교라면 수업료를 내야 하는데 말이다.

신입 시절에는 비록 월급이 적더라도 본인이 하기에 따라서 다양한 형태로 일의 대가를 가져갈 수 있다. **회사 안에 무수히 널려 있는 노하우를 얼마나 자기 것으로 만드는지에 따라 실제로 당신의 미래가 달라진다.**

그런 관점에서 보면 똑같은 신입이라도 본인이 가져가는 월급에는 큰 차이가 있을 수 있다. 예로 '노하우'를 현물로 받는 월급이라고 치자. 누구는 회사에서 백만 원 어치의 노하우를 가져오는가 하면 누구는 40만 원의 노하우밖에 가져오지 못하는 사람도 있다. 매달 천만 원의 노하우를 가져오는 사람은 실제 연봉에 플러스로 1억2천만 원이라는 돈을 더 받아간다고 생각할 수 있다.

회사 입장에서 직원의 급여는 한 푼이라도 더 깎으려고 애를 쓰지만 노하우를 가져가는 것에는 관대하다. 오히려 열심히 공부한다고 칭찬은 덤으로 따라온다. 그러면서 '이것도 공부하라, 저것도 공부하라'며 노하우를 듬뿍 안겨준다. 그런 회사는 눈에 보이지 않는 노하우의 보물창고라 생각하자. 그런 보물창고를 문도 열어보지 않고 외면하는 것은 너무도 안타까운 일이 아닌가!

생선보다는 낚는 법

자신이 다니는 회사뿐만 아니라 관계회사의 노하우도 가져와야 한다. 그곳에 있는 데이터베이스와 노하우의 축적량은 상상을 초월할 정도다. 지금까지 수많은 사람들이 열심히 일하면서 차곡차곡 쌓아온 것이다. 그것은 얼마든지 활용해도 되는 정보들이다.

치열한 경쟁을 뚫고 회사에 입사했다면 월급이 적다고 투덜대기보다 어떻게 하면 노하우를 내 것으로 가져올 수 있는지 고민하라. 노하우를 얼마나 가져오느냐에 따라 당신은 억대 연봉자가 될 수 있다.

RULE
09

생선은 바다에 널렸다

낚는 법을 배우면 평생이 편하다.
돈 보다 실력에 가치를 두라.
스스로 노하우가 되라.

♥ 32,124 likes

Move Your Heart #75 Rules to become
#a Winner #with in 3 years #after coming around

10 │ 상사를 멋지게 이용하라

상사를 총알받이로 세워라

상사는 늘 우리에게 일을 시킨다. 일하라는 지시를 받으면 누구라도 유쾌한 기분이 들지는 않을 것이다. 그렇다면 오히려 내가 '상사에게 일을 시키자'라는 역발상을 해보면 어떨까?

업무 능력이 뛰어난 사람은 신입사원 시절부터 상사와 멋지게 협업할 줄 안다. "이 일은 어떻게 하는 게 좋을까요? 아무리 생각해봐도 잘 모르겠습니다" 이런 식으로 상사를 자연스럽게 업무로 유도하면서 그간의 노하우까지 얻어내는 것이다.

보통은 상사의 참견을 받지 않으려고 어지간한 일에는 상사에게 자문하지 않는다. 보고나 연락, 의논도 하지 않고 어떻게든 혼자서 처리하려고 한다. 이것이 나중에 큰 문제를 만드는 불씨가 되기도 한다. 일에 서투른 사람일수록 큰 문제가 발생할 때까지 상부에 보고하지 않는 습관이 있다.

반면에 상사와 협업을 잘하는 사람은 자기 혼자 가서 이야기가 통하지 않을 것 같은 거래처에 갈 때는 반드시 상사를 대동한다. 상사를 총알받이로 이용하는 것이다.

일을 제대로 처리하려면 상사를 적극적으로 활용해야 한다. 일을 혼자 껴안을수록, 보고나 연락을 피할수록 상사의 머릿속에는 당신에 대한 걱정이 쌓이게 마련이다. 그 결과 "이봐! 그 일은 어떻게 되고 있나?"라고 참견하게 될 수밖에 없다. 그러므로 상사의 잔소리를 듣고 싶지 않다면 부지런히 보고해 상사의 불필요한 간섭을 미연에 차단하는 것도 업무의 스킬이다.

상사는 모든 것이 궁금하다

광고회사에 다닐 때 나의 스승은 매일 연수를 해주는 사람으로, 일하다가 문득 돌아보면 항상 뒤에 서 있었다.

"뭐 하는 건가? 어서 쓰게."

이렇게 말하며 내 어깨너머로 광고 카피를 들여다보면서 한 줄 한 줄 또박또박 읽곤 했다. 그러던 어느 날, 한 선배가 우리 부서로 전근을 왔다. 그는 스승의 간섭을 싫어해서 혼자 일을 껴안으며 중간 보고를 하지 않았다. 그러자 그때부터 스승의 잔소리가 시작되었다.

"자네, 그 일은 어떻게 되어가고 있나?"

"실은 문제가 있어서 아직 처리하지 못했습니다."

"뭐야? 문제가 있으면 미리 보고를 했어야지! 아직도 일을 그렇게밖에 처리 못하나?"

그 스승에게 배운 제자들은 문제가 발생했을 때 어떻게 처리해야 하는지 잘 알고 있었다. 그래서 "그 건은 아직 거래처에서 연락이 오지 않아서 기다리고 있는 중입니다. 오늘 다시 한 번 연락해보겠습니다"라는 식으로 솔직하고 신속하게 대처를 할 수 있었다.

부릴 것인가? 부려질 것인가?

문제가 발생하면 혼자 껴안지 말고, 상사의 책상 위에 메모를 남겨두어야 한다. 사실 이 메모에는 특별한 내용이 없다. 아무런 변화가 없다고 말하고 있는 것이다. 이 변화가 없다는 사실을 얼마나 요령 있게 보고하느냐가 업무의 스킬이다.

문제가 발생하면 재빨리 상사에게 넘길 수 있어야 한다. 당신은 작은 불씨가 발생하면 되도록 빨리 해결해 아무 일도 없었던 것처럼 태연한 표정을 짓고 싶을지도 모른다. 혹시 나에게 따가운 질책이 돌아올까 봐 두려운 것이다. 하지만 경험이 부족해 작은 불씨를 진압하지 못하고 큰 화재로 문제가 커지는 경우가 종종 있다.

"이봐, 이 일에서 시키면 연기가 솟구치고 있는데 어떻게 된 일인가?" 라고 상사가 끼어들었을 때는 이미 자백범이 아닌 현행범으로 체포된 상황이 된다. 이미 기소유예起訴猶豫의 기회는 사라졌다고 볼 수 있다. 그때부턴 사고를 일으킨 것보다 미리 문제 상황을 보고하지 않았다는 것에 대한 질책이 폭풍우처럼 몰려온다. 그리고 다음부터는 그 사람에게 중책을 다시는 맡기지 않을 것이다.

이제 막 입사한 신입사원이라도 상사에게 부려 먹히고 있다는 부정적인 생각을 버리고 상사를 적극적으로 이용해 상사의 노하우를 훔칠 수 있는 사람이 되기를 권하고 싶다. 어떻게 하면 상사가 안심하고 일을 넘겨주는 부하 직원이 될지, 어떻게 하면 상사에게 부림을 당하지 않고 상사를 멋지게 부릴 수 있는지 그 방법을 연구해보아야 한다. 상사와 멋지게 협업하는 것이야말로 자신의 성장으로 가는 지름길이기 때문이다.

RULE
10

상사의 품에서 경험을 길어내라

혼자 전쟁터에 나서지 마라.
전시상황을 매순간 보고하라.
베테랑의 생존법을 배우라.

11 | 목표는
수준 높은 일이다

회사 차원에서 시시한 일이란 없다

만약 지금 하는 일에서 재미를 느끼지 못한다면, 그 원인은 한 가지다. 지금 내가 하는 일에 달인達人이 되지 못했기 때문이다. 하나의 일도 제대로 해내지 못하는 사람은 매사 하는 일이 시시하게 느껴지고 일에 대해 재미를 느끼지 못한다. 일에 고삐를 잡지 못하고 끌려가는데 어떻게 재미가 나겠는가?

회사 안에는 다양한 종류의 업무가 있다. 당신에게 주어진 일도 회사 차원에서는 의미 있고 필요한 일이다. 시시한 일이라 느끼는 그 일에서 재미와 보람을 찾지 못한다면 회사에도, 그 개인에게도 손해가 된다. 그러므로 어떻게 하면 매끄럽게 일을 처리해낼 수 있는 역량을 가질 것인가를 고민하는 의식과 태도가 필요하다.

빨리 선순환으로 돌아서라

회사에서 받는 스트레스에는 두 종류가 있다. 업무에서 오는 스트레스가 그 하나이고 인간관계에서 오는 스트레스가 또 하나이다. 업무상 느끼는 스트레스는 일에서 재미를 느끼지 못할 때 쌓인다. 맡은 일에 서툴고 과연 업무를 '제대로' 처리한 것인가를 여기저기 물어봐야 하는 사람에게 일이 재미있을 리가 없다. 이러한 업무처리의 미숙은 좌절감을 높이고 자존감은 떨어뜨린다.

일의 재미를 느끼지 못하면 일을 제대로 해내지 못하는 악순환에 빠지며 결국, 극심한 스트레스로 인해 우울증을 겪을 수 있다. 이것이 악화되면 비극적인 결말을 가져오는 매우 심각한 사태에 이르기도 한다.

하지만 회사에서 큰 책임을 맡은 사람들도 분명히 스트레스를 많이 받는다. 오히려 신입사원이 상상할 수 없는 수준과 클래스가 다른 압력을 받을 것이 분명하다. **더 큰 꿈을 꾸고 있다면 작은 어려움을 제압하고 이겨내며 결국 다룰 수 있어야 한다.** 목표는 더 높은 수준에 이르는 것이기 때문이다. 그러므로 목표가 있는 사람에게 작고 시시한 일이란 없다. 하나하나 제대로 쌓아가야 산을 이룬다는 것을 잘 알기 때문이다.

RULE
11

한 가지라도 제대로 하라

더 큰 일은 더 큰 능력을 요구한다.
시시한 것도 제대로 해보라.
작은 것이 쌓여 산을 이루는 것.

♥ **32,124 likes**

Move Your Heart #75 Rules to become
#a Winner #with in 3 years #after coming around

12 │ 상사를 성장의 밑거름으로 삼아라

단련에는 채찍도 필요하다

회사에서 받는 스트레스는 업무의 내용보다도 인간관계에서 오는 경우가 많다. 이것을 어떻게 하면 잘 극복할 수 있을까?

오늘날 대부분의 직장인이 껴안고 있는 가장 큰 스트레스는 아마도 직장 상사와의 부조화와 갈등일 것이다. 사람들은 이것을 피하고 싶은 어떤 것으로 생각하지만 내 생각은 조금 다르다. 오히려 무엇에나 오케이 사인을 내고 늘 같은 모습으로 자리에 눌러앉아 단합이나 외치고 있는 무능한 상사를 보는 것이 더 큰 문제라 생각한다. 오히려 그러한 상사를 보는 것을 배움의 기회로 삼아야 한다. 성격이 맞지 않는 상사, 고지식한 사고방식, 구태의연한 행동을 일삼는 상사는 자신을 단련하기 위한 채찍으로 삼아야 한다. 왜냐하면 그런 상사와의 관계는 인간관계의 축소판이라고 할 수 있기 때문이다. 가능하면 그런 사람에게서 장점을 감지하고 끌어내어 내 것으로 만들고 단점은 반면교사反面教師로 삼아 자신을 돌아볼 수 있다면 그러한 상사는 나의 성장의 밑거름과 같은 고마운 존재가 된다.

이러한 관점은 현재 불필요한 갈등으로 에너지를 낭비하는 폐해를 막아준다. '피할 수 없다면 즐기라'하지 않던가? 같은 조직에서 일하고 있는 이상, 자신과 맞지 않는다고 블랙리스트를 만들어서는 안 된다!

좋은 회사에
나쁜 상사보다
나쁜 회사에
좋은 상사가 낫다

또래만 있는 회사는 없다

옛날에는 마을이 작았기 때문에 마을의 아이들은 모든 세대와 같이 어울릴 기회가 있었다. 계절마다 벌어지는 마을 공동체의 행사와 놀이를 통해서 자연스럽게 세대 간의 격차를 다양한 교류와 소통의 기회를 통해 해소할 수 있었다.

그러나 현대에 들어 핵가족 중심으로 바뀌고 공동체가 무너진 사회에서는 아이들은 세대를 넘나드는 소통을 할 기회가 많지 않다. 학교나 학원에서 어울리는 대상은 보통 또래의 아이들인 경우가 많고 그렇게 성장하다가 회사에서 갑자기 다른 세대의 사람과 의미 있는 관계를 만드는 것은 쉬운 일이 아니다. 그래서 소통은커녕 제대로 대화를 이어갈 수 없는 경우도 많다. 따라서 회사에 들어가면 일을 배우기 전에 일단 세대 차이부터 극복하기 바란다.

RULE
12

세대 차이를 극복해야 나를 극복한다

차이가 아니다, 편견이 문제다.
공감하고 협력할 수 없다면 나도 소외된다.
연대는 끼리끼리가 아니라 뜻을 합하는 것.

♥ **32,124 likes**

Move Your Heart #75 Rules to become
#a Winner #with in 3 years #after coming around

13 | 상사로부터 도망치지 마라

가슴을 열어라, 기회가 열린다

당신은 상사를 대할 때, 자꾸 도망치려고 하지는 않는가? 기억해야 한다. 상사를 대할 때는 정면으로 마주해야 한다. 커뮤니케이션에서는 도망치는 사람이 손해를 본다. 따라서 마주하기 거북한 사람일수록 상대방의 품으로 뛰어들어야 한다.

사람과 사람의 만남은 묘하게도 도망치면 도망칠수록 반대로 쫓기는 원리가 있다. 그런 관점에서 볼 때 상사는 미안하지만 개와 비슷하다고 비유할 수 있다. 개를 무서워하는 사람은 길에서 개를 만나면 바로 도망칠 자세를 취한다. 개에게서 공포심을 느끼고 도망치려는 것이다. 그럴 경우 개는 도망가는 사람을 열심히 쫓아가는데 종종 우리 주변에서 목격한 경험이 있을 것이다. 그 개는 다름 아닌 그 사람을 멈추게 하려고 달리는 것일진대 모르는 경우가 많다. 그 사람을 위협하기 위해 달려드는 게 아니라 그 자리에 세우기 위해 달려드는 것이다. 개가 사람을 위협하기 위해 달려드는 경우는 거의 없다. 개에게도 두려움이 있다. 공포심에 휩싸여 있기 때문에 사람에게 달려드는 것이다.

　이와 마찬가지로 상사의 커뮤니케이션 요구를 공격으로 착각해서 도망치려고 하는 부하 직원이 대단히 많다. 그러므로 상사가 개라면 당신은 강아지가 되어 부장의 품속으로 뛰어들어야 한다. **아무리 무서운 사람일지라도 자기 품으로 뛰어드는 부하 직원을 밀어내는 상사는 없다.** 성장할 기회는 상사의 품속에 숨어 있음을 기억하기 바란다.

RULE
13

무서워 짖는 상사를 감싸주라

겁먹은 개에게 쫄지 말라.
무는 개는 짖지 않는다.
등을 보이지 마라.

♥ **32,124 likes**

Move Your Heart #75 Rules to become
#a Winner #with in 3 years #after coming around

14 │ 경비 아저씨의 이름을
기억해둬라

인맥은 명함집이 아니다

'성공'이라는 높은 정상으로 올라가고 싶다면 20대에 반드시 해두어야할 일이 있다. 바로 인맥을 만드는 것이다. 이것이 성공의 길로 가기 위한 진리이며 팩트이다.

인맥을 만들려면 자신과 다른 일을 하고 있는 사람들의 모임에 참석하거나 다른 회사 사람들을 만나는 것도 중요하다. 하지만 그곳에서 받은 명함을 모아두는 것으로 인맥을 쌓았다고 착각해서는 안 된다. 그런 행위가 인맥을 만들어 주는 것이 아니다. 그런 사람들은 나중에 연하장을 받아도 상대방의 얼굴을 떠올릴 수 없는 경우가 허다하다.

진정한 인맥에 명함 따위는 필요 없다. 진정한 친구가 얼마나 되고, 그 사람들의 이름과 연락처를 얼마나 많이 기억하고 있는가에 달려 있다.

예로 경비 아저씨나 식당 아주머니, 청소부 아저씨의 이름을 아느냐 모르느냐에 따라 성공의 방향이 달라진다.

사람은 자기 이름을 기억해주는 사람을 고마워하고 좋은 느낌으로 그 사람을 기억하게 마련이다. 하지만 '경비 아저씨와 친해진들 나에게 무슨 이득이 있겠어?'라는 관점과 태도를 가지면 진정한 의미의 인맥을 쌓을 수 없다.

지위가 아니다, 예의다

20대에는 '어떻게 하면 지위가 높은 사람을 만날 수 있을까?'라는 식으로 남에게 자랑하기 위해 인맥을 만들려고 한다. 그러나 지위가 높은 사람을 아는 것이 자신의 성장으로 직결되는 것은 아니다.

현재 경비 아저씨와 식당 아주머니, 청소부 아저씨의 이름을 떠올리지 못한다면 앞으로는 이름을 떠올릴 수 있도록 가까운 곳에서부터 세심한 관심을 갖도록 하자. 그것이 인간에 대한 예의이며 성공으로 이어지는 지혜로운 처세술이다.

RULE
14

이름을 안다는 것은 큰 의미이다

인간에 대한 관심이 먼저다.
사람에 대한 예의가 성공을 부른다.
덕德과 함께하는 성공이 진짜 성공이다.

♥ 32,124 likes

Move Your Heart #75 Rules to become
#a Winner #with in 3 years #after coming around

15 | 9번 타자에게도 타순은 돌아온다

빈 곳으로 때려야 안타다

기업이라는 거대한 조직은 단단한 콘크리트와 같은 구조로 되어 있어서, 세상의 흐름에 민감하게 반응하기란 매우 어려운 일이다. 이런 현상은 대기업일수록 더욱 극명하게 나타난다. 그러므로 '앞으로 이렇게 하면 우리 회사에 많은 이익이 돌아올 것이다!'라는 개인의 앞선 생각이 좀처럼 관철되기 어렵다. 회사의 조직이 세상의 흐름에 탄력성을 가지기란 매우 쉽지 않은 일이다.

회사에서 일을 하다 보면, 유익한 아이디어가 생겼을 때 아무리 그 일을 하고 싶어도 그것을 펼칠 수 있는 부서가 마땅히 없다는 사실을 알고 조금 놀랄지 모른다. 하지만 조금 달리 생각해 보면 그것은 당신에게 기회일지도 모른다. 그 일을 도와줄 사람들이 없다면 당신 스스로 추진해 보는 것은 어떨까?

야구를 예로 들어보자.

회사의 조직은 야구처럼 자신의 수비 범위가 어디인지 명확히 정해져 있다. 하지만 세상은 매우 자유로워서 정해진 수비 범위가 아니라 휑하니 빈 공간으로 공이 날아온다. 단단하게 굳어 있는 조직의 빈틈을 뚫고 공이 날아오는 것이다. 그곳에 떨어지는 공은 먼저 잡는 사람이 임자다. 즉 새로운 일을 발견하면 자기 혼자 추진할 수도 있다는 뜻이다.

9회 말, 투아웃

또한 회사라는 조직은 스포츠에 비한다면 축구보다 야구에 더 가깝다 할 수 있다. 야구는 언제나 9번 타자에게도 기회를 주기 때문이다.

20대 사원은 회사 안의 위치로 보면 7, 8, 9번 타자라고 할 수 있다. 3, 4, 5번의 클린업 트리오야 강한 것이 당연하지만 가끔은 7, 8, 9번 타자가 맹활약한 팀이 우승을 차지하곤 한다. MVP는 대게 우승팀에서 나오는데, 의외로 7, 8, 9번 선수가 받는 경우가 있다. 그만큼 우승에 대한 기여도가 높았음을 방증하는 것이다.

따라서 자신은 어차피 7, 8, 9번이라고 소극적으로 일을 대할 필요는 없다. 오히려 당신의 활약은 회사에 엄청난 활력을 불어넣을 수 있다. 클린업 트리오도 분발하지 않겠는가?

야구는 언제나 9번 타자에게도
기회를 준다

promition manager
Akihiro Nakatani

RULE
15

대타의 기회는 언제든 온다

실력을 닦아라, 기회가 온다.
경기는 흐름이다, 내게로 분위기를 바꿔라.
팀이 승리해야 나도 빛난다.

♥ 32,124 likes

Move Your Heart #75 Rules to become
#a Winner #with in 3 years #after coming around

16 | 두 직급^{職級} 위의 일을 소화하라

직급에 현혹되지 않기

회사 일을 하다 보면 책상을 엎어버리고 싶을 때가 한두 번이 아니다.

우리가 사표를 쓰고 지우기를 반복하는 이유는 다음과 같은 생각이 우리를 괴롭히기 때문이다.

"나는 과장과 비슷한 업무를 하고 있는데 직책은 왜 여전히 대리인가? 월급도 과장보다 말도 안 되게 적은데……"

어느 조직에나 직책은 있게 마련이다. 그러나 현실적으로 직책은 큰 의미가 없다. 직책이란 회사 조직상 관리하기 편하게 연공을 분류하고 처우를 위한 장치에 불과하다.

자기 직책에 맞는 일만 하는 사람은 그 위치에서 성장이 멈추게 된다.

과장이란 직책을 달고 과장의 일만 하는 사람은 과장직으로 회사생활을 마칠 수도 있다. 그런 사람은 임원은 고사하고 부장의 자리에도 갈 수 없게 된다. 그러므로 자신은 과장과 똑같은 일을 하고 있는데, 왜 과장이 아니냐는 불평은 의미 없는 아우성이다.

회사에 들어가면 두 직급 위의 일을 할 수 있어야 한다. 어느날 상사가 "자네, 이 일을 해보겠나?"라고 말했을 때, 그때부터 준비하는 사람은 늦는다. 그 기회를 놓치고 마는 것이다. 그리고 한 번 놓친 기회는 쉽게 다시 오지 않는다.

신도 기다리고 있다

기회는 운의 배분이다. 신은 인간에게 좋은 운과 나쁜 운을 동일한 분량으로 준다고 한다. 그것을 적절히 활용할 수 있어야 기회를 포착할 수 있다. 기회를 살리려면 기회가 왔을 때 미리 준비가 되어 있어야 하지 않겠는가? 즉 기회는 준비가 되어 있는 사람에게만 찾아온다. 신도 준비가 되지 않은 사람에게는 기회를 주지 않는다. 기회를 주어봤자 소용이 없기 때문이다.

만약 당신에게 기회가 오지 않았다면 아직 준비가 되어 있지 않은 것이다. 그러므로 준비만 되어 있으면 기회는 반드시 찾아오게 되어 있다.

RULE
16

성공이란 준비와 기회의 만남이다

변명은 당신을 기다리지만
기회는 떠나버리고 만다.
마음을 열고 기회를 엿보라,
생각보다 가까이에 있다.

♥ 32,124 likes

Move Your Heart **#75 Rules to become
#a Winner #with in 3 years #after coming around**

17 | 일상생활에서 기회를 찾아라

스텝 업 STEP UP

신입사원에게 있어 일상생활에서 일어나는 모든 일은 기회에 대한 준비로 이어져야 한다. 특히 자리에서 신속하게 일어나는 순발력이 매우 필요하다.

"○○ 씨"

상사가 이렇게 이름을 불렀을 때 "네, 무슨 일이죠?"라고 대답하며 의자에 앉은 채로 돌아보아서는 안 된다. 자신의 이름을 불렀을 때 어떻게 반응하느냐에 따라 그 사람의 10년 후를 알 수 있다.

회사에 다니던 시절, 나의 상사는 매우 엄격한 사람이었다. 교육을 좋아하는 그 상사로 인해 나는 1년 365일 연수를 받는 처지에 놓여 있었다.

그때는 너무도 긴장해서 상사의 헛기침에도 자리에서 벌떡 일어나곤 했다. 그 덕분에 순발력이 눈에 띄게 좋아졌다.

순발력이 없는 사람은 성공할 수 없다. 말을 걸거나 이름을 부르면 어떤 일을 하고 있더라도 즉시 자리에서 일어서야 한다. 그럴 수 있느냐 없느냐에 따라 미래의 성공 여부가 정해진다.

내가 너를 불러주었을 때

나는 지금 글을 쓰는 한편 연기자로도 활동하고 있어서, 많은 배우와 탤런트를 만나곤 한다. 그들 가운데 연기에 대한 감도 좋고 연기력도 있으며 앞으로 성장할 사람은 "안녕하세요"라고 말을 걸었을 때 재빨리 일어나는 사람이다. 그에 비해 계속 자리에 앉아 있는 사람은 겉으로는 연기를 해도 마음의 간절함이 따라가지 못한다. 이것은 내가 연출가로도 일하고 있기 때문에 할 수 있는 말이다.

다시 한 번 강조하지만, 말을 걸거나 이름을 부르면 즉시 자리에서 일어나야 한다. 사소한 일이라고 여길지도 모르지만, 그것은 업무에 대한 집중력으로 이어진다.

RULE
17

감수성으로 승부하고
예민함으로 성취하라

'기회'라는 '새'는 앉아 쉬지 않는다.
일상에 주도적으로 참여하고
중요한 것부터 먼저 챙겨라.

♥ 32,124 likes

Move Your Heart #75 Rules to become
#a Winner #with in 3 years #after coming around

자리에서 신속하게 일어나는
순발력이 매우 필요하다

18 | 작은 기회를 소중히 생각하라

거대한 사소함

지금 나는 회사생활의 아주 사소한 문제들에 대해 말하고 있다. 어쩌면 이 책을 읽는 독자 중에는 이런 사소한 문제들이 아니라 거창한 이야기를 듣고 싶어 하는 사람이 있을지도 모르겠다.

'재미있게 일하며 성공하려면 어떻게 해야 할까?'

'나의 분야에서 최고가 빨리 되려면 어떻게 해야 할까?'

이 물음에 대한 결론부터 말하자면, 이 세상에 그런 방법이라는 게 없다. 재미있게 일하며 빠르게 성공하는 사람들에게 특별한 묘수가 있는 것은 아니다. 오히려 이런 마법 같은 치트키를 찾다보면 자기에게 주어진 작은 기회들을 쉽게 지나칠 수 있다. 이러한 사소한 작업들이 앞으로 얼마나 큰 의미로 쌓여갈지를 모른 채 말이다.

로마는 하루아침에……

특히 의욕과 패기가 넘치는 20대에는 어떻게든 큰일을 꿈꾸고 그것을 가능하게 할 큰 기회에 눈독을 들이기 마련이다. 그러한 기회에 대한 욕심에 골몰한 나머지 작은 기회들은 소홀히 여기기 쉽다. 그런데 그것은 큰 기회마저 놓쳐버리는 결과를 가져올 수 있다.

갑자기 큰 기회가 올 것이라는 비현실적인 기대는 하지 않는 것이 좋다. 그런 생각에 정신을 팔고 살다보면 문득 거울 속에 늙어버린 자신의 얼굴을 보게 될 수 있다. 눈앞에 계단을 보지 못하고 정상에 흐르는 구름만을 바라보았기 때문이다. *중요한 일은 어떻게 하면 작은 기회를 계단 삼아 끊임없이 오를 수 있느냐는 것이다.*

앞에서 말했듯이 자리에서 신속히 일어나는 사소한 행동들이 100개, 200개가 모이면 성공의 길을 걸어갈 수 있다. 회사 안에서 자신의 꿈을 실현한 사람들을 보면 큰일부터 시작해 성공한 사람은 없다. 오히려 작은 일에 최선을 다한 결과 스스로 기회를 잡아 올라간 사람이 많다는 것을 명심하자.

promition manager
Akihiro Nakatani

FOLLOW

RULE
18

현재의 작은 걸음이 모여
성공을 만든다

위대한 성공은 언제나
작은 걸음으로 시작되었다.

♥ 32,124 likes

Move Your Heart #75 Rules to become
#a Winner #with in 3 years #after coming around

나의 분야에서 최고가 빨리
되려면 어떻게 해야 할까?

19 | 아웃풋으로 판단하지 마라

성공한 실패

사람을 아웃풋 *Output* 으로만 판단해서는 안 된다.

성공한 사람을 볼 때 우리는 자신도 모르게 겉으로 들어난 그들의 성과만을 보게 된다. 그리고는 그들을 성공하게 만든 이유와 상황을 되뇌면서 '나는 왜 이렇게 운이 없을까? 왜 이렇게 계속 실패만 할까?'라고 자신의 신세를 한탄한다.

그런 사람에게 결코 성공은 제 발로 걸어오지 않는다. 대부분의 성공한 사람들은 눈에 보이지 않는 곳에서 있는 힘을 다해 노력하고 있다. 또한 지금 눈앞의 현실만을 위해서가 아니라 10년 후를 바라보며 일하고 있다.

20대의 10년을 어떻게 보내느냐에 따라 30대의 인생이 정해지고, 30

대의 10년을 어떻게 보내느냐에 따라 40대의 인생이 정해진다. 일단 내 인생을 대표할 만한 '이것이다!'라는 것을 만나야 한다. 그 대표작이 반드시 성공일 필요는 없다. 물론 성공한 대표작도 필요하지만 "그 실패는 내가 저질렀다"라고 자신 있게 말할 수 있는 실패의 대표작도 가지고 있어야 한다.

안주는 술자리에서나

실패를 경험했을 때 사람이라면 누구나 그것을 만회하려고 노력한다. 어떻게든 다음 일을 성공으로 만들어 '나는 이렇게 실패를 만회했다!'라고 사람들에게 인정받고 싶어 한다. 그런 경우에는 순탄하게 성공했을 때보다 훨씬 더 많은 것을 배울 수 있다.

20대는 실패의 연속이라고 보면 된다. 그리고 실패를 만회한 사람만이 성공의 감각을 자기 것으로 만들 수 있다. 실패 없이 성공한 사람은 그 성공에 안주하게 된다. 인생의 최후의 순간에 웃고 싶다면 되도록 젊은 시절에 실패의 대표작을 만들어라.

promition manager
Akihiro Nakatani

FOLLOW

RULE
19

대표적 실패작이 있는가?

안전만 추구하는 삶에 진정한 성취는 없다.
실패하지 않음을 자랑하지 말라.
아무것도 안 하고 살았다는 의미다.

♥ 32,124 likes

Move Your Heart #75 Rules to become
#a Winner #with in 3 years #after coming around

20 | 10년 뒤를
바라보고 일하라

마른 양동이는 쉽게 찌그러진다

일을 하는 것은 양동이에 물을 채우는 것과 마찬가지다. 아무것도 들어 있지 않은 양동이에 계속 물을 부으면 언젠가 물이 넘치는 순간이 온다. 그 넘쳐나는 부분이 일의 아웃풋이라고 할 수 있다. 양동이 안에 물을 붓지도 않고 양동이 밖으로 물을 넘치기를 바랄 수는 없지 않는가!

회사에 20대 사원 두 명이 있다고 하자. 그런데 한 직원은 열심히 꼼꼼히 일하는 유형이고 다른 직원은 대충대충 설렁설렁 일하는 유형이다. 하지만 겉으로 보면 둘 다 양동이 밖으로 물이 흘러넘치지 않는다. 그럴 때 아마도 대충대충 일하는 사람이라면 '별 문제가 없네!'라고 안도의 한숨을 쉴 수 있다.

'아아! 대충 일하는 나나 열일 하는 저 사람이나 마찬가지네. 그러니까 죽을 둥 살 둥 열심히 일할 필요가 없어!'

이것은 매우 위험한 발상이다.

양동이 안에 80~90퍼센트의 물이 들어 있는 사람은 그래도 괜찮은데 문제는 양동이 안에 물이 전혀 들어 있지 않은 사람이다. 물이 한 방울도 없으면서 '나나 저 사람이나 똑같네'라고 생각하는 것은 엄청난 착각이기 때문이다.

내 마음은 호수요

자신의 양동이에 물이 얼마나 들어 있는지 확인하면서 열심히 물을 채우지 않으면 안 된다. 그렇지 않으면 어느 날 동료의 양동이에서 물이 넘치는 것을 보고 조바심을 내게 된다. 그때부터 열심히 노력한들 미리 준비하고 앞서갔던 동료를 따라잡을 수 있을까? 아니, 어렵다고 생각한다. 왜냐하면 양동이에 물을 가득 채우려면 최소한 10년이라는 시간과 노력이 들어가기 때문이다.

물론 양동이가 작다면 물을 쉽게 채울 수 있다. 하지만 작은 양동이에 물이 넘친들 성취감이나 만족감은 느낄 수 없다.

성공하고 싶은가? 다른 사람보다 앞서나가고 싶은가?

그렇다면 되도록 커다란 양동이를 준비해 물을 가득 채우기 바란다.

promition manager
Akihiro Nakatani

FOLLOW

RULE
20

내 꿈이 큰 게 아니고
너희들의 생각이 작은 것이다

작은 그릇은 빨리 끓어 넘치나
깊은 물은 조용히 흐른다.

♥ 32,124 likes

Move Your Heart #75 Rules to become
#a Winner #with in 3 years #after coming around

21 | 상사를 방문판매원으로 생각하라

물러나지 마라, 물러서게 하라

어쩌다 평일 집에 있으면 물건을 팔러 오는 방문판매원이 초인종을 누를 때가 있다. 아무리 필요 없다고 단호하게 거절해도 그들은 한 발짝도 물러서지 않는다. 악착같이 달라붙어 사지 않을 수 없게 만드는 그들을 보면 '과연 프로구나!'라고 감탄하지 않을 수 없다.

그런 사람은 어떻게하면 물리칠 수 있을까? 우선 거짓이라도 좋으니까 관심 있는 얼굴로 그들의 이야기를 끝까지 들어준다. 한 시간쯤 이야기를 들어주면 상대방은 반드시 "오늘은 좀 바빠서요……"라고 말하며 물러서게 된다.

상사를 대할 때도 마찬가지다. 상사를 방문판매원이라 여기고, 별로 중요하지 않은 일이더라도 보고하고 또 보고해라. 그러면 상사는 '아아, 잘 되고 있군'이라고 안도의 한숨을 내쉬며 참견하지 않는다.

안심은 고기가 아니다, 보고다

상사들은 부하 직원과 어느 정도 커뮤니케이션을 하지 않으면 불안해하는 특징이 있다. 여기에서 명심해야 할 게 한 가지 있다. 상사가 원하는 것은 정보의 질이 아니라 정보의 양이라는 것이다. "큰일 났습니다!"라는 심각한 보고도 "전혀 이상이 없습니다!"라는 편안한 보고도 전체의 움직임을 파악하는 눈에는 똑같이 의미 있는 메시지이다.

상사는 '요즘 저 친구와 대화를 하지 않았군'이라고 생각하면 "그런데 그 건은 어떻게 되고 있나?"라고 참견하게 된다. 상사의 간섭을 받기 싫다면 상사가 싫증을 낼 정도로 많이 보고하면 된다. 그래서 'OO와는 최근에 이야기를 많이 나누었지'라는 형태로 안심시키는 것이다.

RULE
21

소란스러움은 불안함의 증거다

팀으로 일한다는 것은 많은 시간을
동료들을 설득하는 데 쓰는 일이다.

♥ 32,124 likes

Move Your Heart #75 Rules to become
#a Winner #with in 3 years #after coming around

22 │ 문제가 발생하면 도움을 요청하라

상사는 119다

어떤 문제가 발생했을 때 자신의 힘으로 처리하는 것도 중요하지만 상사를 활용하는 것도 좋은 방법이다. 당신은 혹시 상사에게 도움을 요청하면 자신의 능력을 의심받을지도 모른다고 생각해 머뭇거리고 있지는 않은가? 그렇다면 지금 당장 생각을 바꾸기 바란다. 상사에게 당당하게 도움을 요청할 수 있는 사람만이 진정한 사회인이라고 할 수 있다. 도움을 요청하는 행위에는 자신감과 용기가 필요하다.

그러면 언제, 누구에게 도움을 요청하는 것이 가장 좋을까?

사람들은 보통 불씨가 작을 때는 자기 힘으로 해결하려고 한다. 하지만 진정한 프로는 "지금 이런 상황인데, 이렇게 해결하려고 합니다"라고 상사에게 보고할 수 있어야 한다. 문제가 발생하면 되도록 빨리 상사에게 보고해야 한다. 좋은 보고는 나중에 해도 상관없다. 그것은 지금 별다른 문제없이 잘 진행되고 있다는 방증이니까.

그러나 문제가 발생하면 반드시 보고해야 한다. 상사는 문제가 발생했을 때 정확하게 보고하는 직원에게 신뢰를 갖게 되고 그것은 중요한 일을 그 직원에게 맡기게 되는 결과를 가져온다. 그것도 추상적으로 보고하는 것이 아니라 지금 어떤 상태에 있는지, 확실하고 구체적으로 보고해야 한다. 그리고 모르는 사항에 대해서는 "잘 모르겠습니다. 다시 한 번 설명해주십시오"라고 솔직하게 대답하는 용기를 가져라. 그것이 도움을 청하는 사람의 태도이자 덕목이다.

상사는 내비게이션이다

택시에 탔을 때 "○○까지 갑시다"라고 분명히 목적지를 말했는데 가만히 있다가, 그 부근에 도착해서야 "어디라고 했지요?"라고 되묻는 택시기사를 만났을 때처럼 황당하고 답답한 상황이 어디 있을까? 목적지를 잘 모르겠다면 번거로워도 미리 확인을 하고 출발을 했어야 하는데 말이다.

당신은 상사를 태우고 운전하는 기사라고 생각하라. 택시기사는 한 번으로 끝나지만 당신은 회사를 그만둘 때까지 상사를 태우고 달려야 하는 입장이다. 따라서 명확히 이해하지 못한 지시가 있다면 신속히 인정하고 자문을 구해야 한다. 업무의 방향성과 멀어진 다음에 되돌리는 것보다 잠깐의 민망함이 낫다.

promition manager
Akihiro Nakatani

FOLLOW

RULE
22

도움은 요청하는 자의 것이다

구하는 자에게 주어진다.
기댈 수 있어야 설 수도 있다.
도움을 요청하는 것이 겸허의 증거다.

♥ 32,124 likes

Move Your Heart #75 Rules to become
#a Winner #with in 3 years #after coming around

23 | 인사는 인간관계를 만드는 지름길이다

인사는 순간의 승부다

회사생활을 하다 보면 상대하기 힘든 사람이 있게 마련이다. 조직은 여러 부서가 톱니바퀴처럼 맞물려 있고 많은 사람들이 복합적으로 뒤얽혀 있다. 그래서 상사나 부하 직원이라는 관계 외에도 성격이 서로 맞지 않아 대하기 곤란한 사람이 더러 있다. 그렇다면 직장에서 그런 사람을 만났을 때 어떻게 대처해야 할까?

일단 회사 안에서나 공장에서 마주쳤을 때 먼저 인사를 하는 게 좋다. 자신이 먼저 인사하지 않으면 상대방도 인사를 하지 않고 관계는 점점 더 서먹해지게 된다. 20대의 신입사원이라면 회사 안에서 아는 사람보다 모르는 사람이 더 많은 게 현실이다.

규모가 큰 회사에서는 입사동기만 수십 명이 넘기 때문에 모두의 얼굴을 기억할 수는 없을 것이다. 더구나 그런 회사에는 많은 부서가 있어 자신과 업무적으로 관계하지 않는 사람들도 적지 않다. 다시 말해 큰 회사일수록 자신이 아는 사람보다 모르는 사람이 더 많아진다.

반드시 회사생활을 할 때는 모르는 사람일수록 더 열심히 인사해라. 이 사람이 자신과 관련이 있는지 없는지를 생각한 다음, 관련 있는 사람에게만 인사를 하는 것은 바보 같은 짓이다. 모르는 사람에게도 일단 고개를 숙여 정중하게 인사해야 한다. 원만한 인간관계를 만드는 데 인사보다 더 좋은 방법은 없으니까.

promition manager
Akihiro Nakatani

RULE
23

인사는 사회생활의 기본이다

거대한 계약도 '안녕하세요!'로 시작한다.
작은 인사가 모든 것을 바꿀 수 있다.
인사만 잘해도 반은 이기고 시작한다.

♥ **32,124 likes**

Move Your Heart #75 Rules to become
#a Winner #with in 3 years #after coming around

24 | 나를 지켜보는 누군가가 있다

어디서나 눈은 맞는다

'이렇게 하찮은 일을 하는데 누가 나를 알아봐줄까?'

신입 때는 가끔 이렇게 불안한 생각이 머리를 스치곤 한다. 허드렛일을 하고 있을 때, 사람들은 어디에서 위로와 만족을 얻을까?

말단일수록 "힘든 일을 하느라 정말 수고가 많아요"라고 따뜻하게 말해주는 사람에게서 위로와 만족을 얻는다. 자신을 좋게 평가해주는 사람이 있다는 생각이 마음을 녹여주기 때문이다. 그 사람이 사수라면 더 없이 행복하다.

그러나 현실에서는 직속 상사가 부하 직원을 제대로 이해하지 못할 때가 많다. 부하 직원에게 그것보다 힘 빠지는 일은 없다. 나의 사수조차 내가 처한 상황을 모른다고 생각하면 그야말로 멘붕에 빠진다. 아마 지금도 많은 사람들이 그런 상황에 빠져 있지 않을까?

가족 간에도 서로를 이해한다는 게 어려운 시절이다. 하물며 세대와 업무와 직급이 다른 사람들에게 이해받는다는 것은 현실적인 바람이 아니다.

벽에도 귀가 있고 바닥에도 눈이 있다

하지만 지극히 평범하고 눈에 띄지 않는 허드렛일을 하고 있어도 'OO 씨는 나름대로 열심히 일하고 있군'이라고 지켜보는 사람이 반드시 존재한다. 비록 그 사람이 직속 상사가 아닐지라도, 직접 위로를 건네주지 않는다하더라도 나를 지켜봐주는 사람이 있다고 생각하자. 시간이 지나면 결국 성실한 사람은 누군가의 눈에 그것도 상사와 사장의 눈에 띄게 되어 있다.

promition manager
Akihiro Nakatani

RULE
24

보이지 않는 노력이 빛을 발할 때 더 눈부시다

고수는 시선 위에 있다.
진짜 인정을 받고 싶다면
보이지 않는 노력을 더 많이 하라.

♥ 32,124 likes

Move Your Heart #75 Rules to become
#a Winner #with in 3 years #after coming around

25 | 사소한 일이라도 끝까지 해내라

성취감은 진통제

어느 기업이든 시시한 일이나 사소한 작업은 최소한의 인원으로 하고 있다. 직원이 많지 않은 작은 회사에서는 한 사람이 도맡아 하는 경우도 적지 않다. 그런데 성공의 기회는 그곳에 숨어 있다. 상사나 선배가 시시하다고 내동댕이친 일을 떠맡아 처음부터 끝까지 해내는 기쁨을 맛보는 것이다.

나는 해마다 연극 공연을 하는데, 무대를 준비하는 데 적어도 6개월 이상이 걸린다. 1년을 공연하든, 한 달을 공연하든, 단 1회만 공연하든 연습에 투자해야 하는 시간은 똑같다. 그런데 무대에 오르지 않고 죽어라 연습만 해야 하는 그 6개월이 즐겁기만 할까?

물론 그렇지는 않다. 그때처럼 괴로운 시간도 없다. 때로는 '내가 왜 이일을 하고 있지?'라는 자책과 의구심이 들기도 한다.

그렇다면 왜 그렇게 힘든 작업에 오랜 시간을 투자하는 것일까 생각해보니 **그것을 통해 성취감을 맛보는 짜릿한 순간이 있기 때문이다.** '이공연을 하기를 잘했다'라는 생각이 드는 것은 아주 짧은 순간이다. 그 짧은 순간을 위해 6개월이라는 시간을 투자하는 것이다.

한순간의 기쁨을 알고 있는 사람은 힘든 일에 오랜 시간을 투자할 수 있다. 또한 새로운 일을 시작할 때 "앞으로 6개월 동안 힘들 텐데, 그래도 하겠어요?"라는 질문에도 주저하지 않고 하겠다고 대답할 수 있다.

일을 하는 동안은 별로 고통스럽지 않다. 아니, 사실은 고통스럽다. 고통스러워도 계속하는 것이다. 아무리 작은 일, 사소한 일이라도 그것을 통해 성취감을 맛본 사람은 어떤 일이든 해낼 수 있다.

권장되는 마약

예를 들어 책 한 권 쓴다고 하자. 200자 원고지로 600장을 써야 하는 작업은 따분하기 이를 데 없다. 그래서 '이걸 언제 다 쓰지?'라는 생각에 저절로 한숨부터 쉬게 될 지도 모른다. 원고를 쓰는 도중에도 계속 투덜 댄다.

'아직 10분의 1밖에 쓰지 못했어. 나머지를 언제 다 쓰지?'

'앞으로 지금까지 쓴 것의 일곱 배를 더 써야 하는 거야?'

그러다가 후반부로 접어들면 끝내는 것이 아쉬워질 때가 있다. 계속 그 상황을 유지하고 싶어진다. 이것이 바로 지금 하고 있는 일에 몰입되어 재미를 느끼는 순간이다.

연극 공연도 마찬가지다. 6개월이나 계속해온 연습이 이제 곧 막을 내린다고 생각하면 아쉬운 마음에 눈물이 왈칵 쏟아질 것 같은 기분이 든다. 그래서 공연이 끝난 뒤에도 머릿속에서는 여전히 공연이 계속되고 있다. '여기에서는 이런 동작을 해야지', '저기에서는 이런 표정을 지어야지'라고 머릿속에 그려본다. 함께 공연했던 여배우를 다시 만나게 되면 "다음에는 이 장면에서 이렇게 한번 해볼까요?"라고 진지하게 공연 이야기를 나누기도 한다. 아직 다음 공연이 정해져 있지도 않은데 말이다.

그런 열정이 무언가를 창조하는 사람들의 기쁨이며, 일을 하는 사람의 보람이다. 어쩌면 일종의 마약 같은 것이다.

이런 식으로 젊은 시절에 일에서 주는 기쁨을 느낄 수 있는가 없는가에 따라 미래의 성공이 정해진다.

promition manager
Akihiro Nakatani

FOLLOW

RULE
25

끝까지 해내는 기쁨을 맛보라

'성공'이란 모든 세세한 부분을
철저히 완성시키기 위한 지속적이고
강도 높은 노력의 결실이다.

♥ 32,124 likes

Move Your Heart #75 Rules to become
#a Winner #with in 3 years #after coming around

성취감을 맛보는 짜릿한
순간이 있기에 오랜 인내를
견딜 수 있다

26 | 리더의 역할은 불만을 들어주는 것이다

나는 왕이 되겠소

회사에 들어가면 환영회와 송별회, 송년회와 신년회 등 각종 행사들이 우리들을 기다린다. 그런 행사에서 총무를 맡는 것만큼 번거로운 일도 없다. 잘해야 본전인 허드렛일이다. 하지만 아무도 맡으려 하지 않으면 솔선해서 떠맡기 바란다.

회사에 다니던 시절, 우리 부서의 인원은 150명이었는데 송년회의 총무는 항상 내가 도맡아 했다. 그 일이 재미있고 보람 있었느냐 묻는다면 전혀 그렇지 않다고 답하고 싶다. 사람들에게 고맙다는 인사는커녕 불평만 들어야 했다. 한 사람도 잘했다거나 수고했다고 말해주지 않았다. 그럼에도 불구하고 나의 생각은 총무직같이 불평을 듣는 역할을 경험해보라는 것이다. 그렇지 못한 사람은 진정한 리더의 자리에 오를 수 없다고 말이다.

리더를 사람들 위에 군림하는 사람이라고 생각한다면 리더라는 단어의 뜻을 전혀 모르는 것이다. 나는 현재 고등학생을 대상으로 하는 잡지에서 학생들의 고민을 상담해주고 있다. 어느날 학교에서 반장을 맡고 있는 친구가 다음과 같은 고민을 털어놓았다.

"우리 반 친구들이 내 말을 듣지 않아요. 어떻게 하면 친구들이 내 말을 잘 듣게 만들 수 있을까요?"

밑으로 흘러야 바다가 된다

이 고민은 반장이 학생들 앞에서 끌어가는 입장이라고 생각했기 때문에 생긴 것이다. 자신은 반을 통솔하는 위치여서 그런 자신이 말을 하면 당연히 급우들이 귀 기울이고 따라줄 거라 생각했던 것이다. 그러나 그렇게 믿었다면 그것은 순진한 생각이다.

사실 반장의 역할은 친구들에게 명령을 내리는 것보다 친구들의 불평을 들어주는 것이 먼저다. 굳이 위아래를 따진다면, 친구들보다 아래에 있는 입장이라 말할 수 있다. 물론 기본적으로 역할이 다르니까 위아래를 구분할 필요는 없다. 이러한 사실은 총무를 맡아보면 저절로 터득하게 된다. 당신도 리더를 사람들 위에 서있는 사람이라고 생각하고 있지는 않은가?

promotion manager
Akihiro Nakatani

RULE
26

리더란 위치가 아니다, 행동이다

리더란 추종자를 만드는 사람이 아니다,
더 많은 리더를 만드는 사람이다.

♥ 32,124 likes

Move Your Heart #75 Rules to become
#a Winner #with in 3 years #after coming around

27 | 상사도 한 사람의 사회인에 불과하다

슈퍼맨도 기간제 배우다

요즘 회사는 훈련의 장으로 바뀌고 있다. 즉 직원을 어떻게 교육하는지에 따라 회사의 사활이 걸려 있다.

어릴 때는 가정에서, 사회에 나와서는 회사가 교육을 담당한다고 보면된다. 그러나 현실은 학교가 더 이상 참교육의 순기능을 한다고 보기 어렵다는 것이다. 요즘도 가끔 자기 아이가 학교에서 따돌림을 당했다고 걱정하는 학부모들을 만나는데 이는 부모로서 자녀를 교육할 의무를 포기하고 모든 책임을 학교에 떠넘기는 무책임한 행동으로 비춰진다.

얼마 전 지하철 안에서 한 취객이 여고생에게 시비를 건 사건이 있었다. 그 현장에는 아이러니하게도 여고생이 다니는 학교의 교장선생님과 교감선생님이 타고 있었다고 한다. 그러나 그들은 보고도 못 본 척했다고 한다. 나중에 전해 듣기로는 다른 학교의 학생인줄 알았다고 했다는 것이다.

그 여고생에게는 지옥 같은 끔찍한 순간이었겠지만, 나는 그 여고생이 인생의 쓴 경험을 미리 했다고 생각한다. 인생을 살아가면서 좋은 경험만 할 수는 없다. 학교 울타리 밖에서는 그 누구도 자신을 보호해 주지 않는다는 냉혹한 현실을 배웠을 것이다.

이 사건을 단면만 보고 그 교사들을 '옳다, 그르다'로 재단할 수 없다. 교사도 어쩌면 그 자리에서는 평범한 샐러리맨에 불과했다는 사실을 안다면 말이다. 집에 자신을 기다리는 아내와 아이가 있는 평범한 가장 말이다. 그런 그들에게 성직자와 같은 정의의 사자를 기대해서는 안 된다.

다시 말해 비즈니스 세계에서 성공하고 싶다면 상사에게 의지해서는 안 된다. 불미스런 사건이 일어나면 상사는 절대로 도와주지 않을 것이다. 상사에게 지나치게 기대하면 오히려 마음의 상처만 커질 뿐이다. 그들도 누구처럼 가정이 있거나, 은행에 갚아야 할 대출금이 있거나, 자녀의 학원비를 걱정해야 하는 평범한 샐러리맨에 지나지 않으니까.

학교 울타리 밖에서는 그 누구도
자신을 보호해 주지 않는다

FOLLOW

RULE
27

상사에게 지나친 기대를 하지 마라

상사는 무능하다. 기대하지 마라.
환상을 가진 부하는 오히려 부담스럽다.

♥ 32,124 likes

Move Your Heart #75 Rules to become
#a Winner #with in 3 years #after coming around

120

28 | 의식은 한순간에 바뀐다

알파고가 인간을 이겼을 때

회사 경영자들을 만나면 반드시 나오는 이야기가 있다. 세상에는 분명히 뛰어난 인재들이 많다. 그들을 채용하기는 쉽지만 그만큼 기존 사원들을 줄이지 않으면 안 된다. 그러면 사회적 비판과 노동조합의 비난을 한꺼번에 받아야 한다. 따라서 새로운 인재를 뽑을 수 없으니 이미 근무하고 있는 사원을 바꿀 수 없느냐는 이야기다.

결론부터 말하면 인간은 얼마든지 바꿀 수 있다.

예전의 유전자공학은 DNA가 기본이었지만 지금은 RNA가 기본이라는 주장이 나오고 있다. DNA라는 것은 감기 바이러스에 강한 체질을 가지고 있는 부모로부터는 감기에 강한 자녀가 태어난다는 것이다. 그런 유전 방식이라면 유전인자가 한 세대씩 유전되기 때문에 진화에 오랜 시간이 걸린다.

그러나 지금은 어떤 바이러스가 체내로 들어가 유전자 자체를 강하게 만드는 연구가 진행되고 있으며, 그런 방식이 주류를 이루고 있다. RNA는 원래 DNA의 복제이지만, 복제가 본체를 바꿀 수 있다는 것이 지금의 분자생물학이다.

또한 RNA의 유전으로 인간이 진화하면 복제가 본체가 되어 진화 속도가 엄청나게 빨라진다고 한다. 그렇지 않으면 동물에게 심각한 사태가 일어날 경우, 인간을 포함해 많은 동물들이 전멸하게 된다.

다시 원점으로 돌아가보자. 과연 회사는 진화할 수 있을까, 진화할 수 없을까? 만약 회사에 진화하겠다는 의지가 있으면 단기간에 변화를 이루어야 한다. 조직의 변화는 DNA의 변화다. 따라서 조직을 바꾸는 데 오랜 시간이 걸린다. 반면에 의식의 변화는 매우 빠르게 일어난다. 그러므로 의식을 바꾸지 못한 사람은 눈 깜짝할 사이에 도태되고 만다. 결국 의식을 개혁한 사람만이 살아남을 수 있기 때문에, 이 변화는 아주 자연스럽게 일어난다.

개혁 의식을 복제하라

서서히 이루어지는 조직 개혁에 비해 의식 개혁은 '아하, 그렇구나!'라고 눈을 감았다 뜬 순간에 바뀌게 된다. 지금까지 네 발로 엉금엉금 기어다니던 원숭이들 가운데 한 마리가 갑자기 두 발로 직립보행을 시작하자 모두 "재미있다!"라고 하면서 흉내를 내는 것과 마찬가지다.

인간의 육체와 지성, 사고력은 모두 의식의 관리를 받는다. 머리로 불가능하다고 생각하면 아무것도 이루어지지 않는다. 근육의 힘도 의식의 지배를 받는다. 어디에 힘을 주어야 할지 결정해주지 않으면 근육은 스스로 움직이지 않는다. 의식 개혁은 근육 자체를 강하게 만드는 게 아니라 어디에 어떻게 힘을 넣으면 근육이 강해지는지를 아는 것이다.

promition manager
Akihiro Nakatani

RULE
28

의식을 바꾸면 조직이 바뀐다

혁신은 의식의 변화로 이루어진다.
의식의 변화는 비용이 크게 들지 않는다.

♥ 32,124 likes

Move Your Heart #75 Rules to become
#a Winner #with in 3 years #after coming around

124

29 | 돈 버는
노하우를 쌓아라

돈인가? 방법인가?

월급이 적다고 불평하는 사람은 성장하지 못한다. 또한 어떤 일을 해야
할지 말아야할지를 결정할 때, 돈을 기준으로 판단하는 사람도 성장하지
못한다. 그런 사람들의 모든 판단 기준은 '돈'이기 때문이다.

성공의 계단에 올라설 수 있는 사람은 돈을 기준으로 판단하기 전에 그
일이 자신의 공부로 이어지는지를 먼저 생각한다. 젊을 때는 돈을 벌기보
다 돈을 버는 노하우를 쌓아야 한다. 그렇다면 당신은 돈을 버는 것과 돈
버는 방법을 배우는 것의 차이가 무엇인지 생각해 보았는가?

예를 들어 돈 버는 일과 돈 버는 방법을 배우는 일이 있다고 하자. 둘 중
에 어느 쪽이 더 중요할까? 돈 버는 방법을 배우면 그 시점에서는 돈을 많

이 벌지 못할 수도 있다. 오히려 자신이 모아둔 쌈짓돈이 빠져나갈지도 모른다. 반면 돈을 벌기 위해 일하는 경우에는 돈은 벌 수 있을지 모르나 돈 버는 노하우는 남지 않는다.

사회 초반, 어떤 일을 할 때는 그 일을 통해 **얼마의 돈을 벌 수 있느냐 보다 일의 노하우를 얼마나 배울 수 있는지**를 먼저 따져봐야 한다. 물론 그 일을 해서 지금 당장 먹고사는 것도 중요하다.

그러나 20대에 돈 버는 방법을 배우면 30대, 40대에는 더 많은 돈을 벌 수 있게 된다. 그리고 그때까지 번 돈을 이용해 더 큰 돈을 벌 수 있는 노하우를 배우게 된다.

일을 잘하면 평생이 편하다

돈을 벌면 그 돈을 당신 주머니 속에 남기지 마라. 자신의 주머닛돈을 이용해 돈 버는 노하우를 터득한 사람은 시간이 갈수록 능력이 계속 발전할 것이다. 어떤 일을 하면서 노하우를 배우지 못하면 일을 하는 진정한 의미가 없다. 그 일을 하면서 책 한 권을 쓸 수 있을 정도가 아니면 그 일에 최선을 다하지 않았다는 증거다.

지금 하고 있는 일이 힘들다고 생각한다면, 무엇이 힘든지 100가지 정도 나열해 써보자. 그리고 그렇게 힘든 점을 어떻게 헤쳐나가는지 옆에 써보자. 힘든 일일수록 더 많은 것을 얻을 수 있을 것이다.

나는 일을 의뢰하러 오는 사람에게 냉정하게 말하는 편인데, 제일 먼저 던지는 질문은 그 일을 평생 계속하겠느냐는 것이다.

"이것은 먹고살기 위해서 하는 일로, 그렇게 오래하지는 않을 겁니다."

이런 대답이 돌아오면 나의 잔소리가 이어진다.

"쓸데없는 참견일지 모르겠지만 만약 이 일을 계속할 마음이 있다면 일하는 방법을 바꾸시는 편이 좋을 겁니다. 왜냐하면……(주절주절)."

지금까지 어떤 식으로 일해왔는지, 자신의 일하는 방법에 대해 돌이켜보라. 지금도 여전히 초보 신입사원 시절과 똑같은 방법으로 일하고 있다면 그 사람은 자신이 일하는 방법에 대해 치열하게 고민하고 연구하지 않은 것이다. 그로 인해 인생의 손실이 얼마나 클지 생각해보는 것도 회사에서 성공하는 좋은 방법이 되지 아닐까.

promition manager
Akihiro Nakatani

FOLLOW

RULE
29

돈을 제어하는 것부터 배워라

돈의 주인이 되라.
그렇지 않으면 돈이 당신 주인이 될 것이다.

♥ 32,124 likes

Move Your Heart #75 Rules to become
#a Winner #with in 3 years #after coming around

30 | 무조건 일을 맡아주는 사람을 경계해라

버팀목은 썩는다

전부터 알고 있던 20대의 젊은 편집자가 어느날 내 책을 내고 싶다면서 찾아왔다. 나는 우선 그에게 기획안을 작성해 사내에서 통과시킨 다음 내게 가져오라고 했다. 그는 기획안을 들고 와서 이렇게 말했다.

"저희 출판사 내부에서 이런 지적이 있었습니다."

"이것에 대해 자네는 어떻게 생각하나?"

"윗사람들은 상당히 긍정적이었습니다."

아마 윗사람들은 나를 배려하는 마음으로 마지못해 고개를 끄덕였을 것이다. 나중에 출판사 사람들에게 물어보자 당시 윗사람들의 반응은 부정적이었다고 한다.

이 젊은이처럼 윗사람의 부정적인 판단을 긍정적이라고 해석하는 것은 매우 위험한 일이다. 윗사람이 왜 부정적으로 판단했는지에 대해 생각해야 하는데, 긍정적으로 판단했다고 받아들이고 일을 진행하면 앞으로 수많은 난관에 부딪히게 된다.

이런 경우에 내게는 두 가지 방법이 있다. 하나는 친구라고 생각해서 함께 일을 하는 것이고, 또 하나는 이것은 제대로 된 기획안이 아니라고 거절하는 것이다. 이번 일은 만약 그 사람이 생판 모르는 사람이었다면 아무 말도 하지 않고 거절했겠지만 아는 사람이고 상대방의 기분을 생각해 더 정중하게 거절한 경우다.

내가 거절한 데는 두 가지 이유에서다. 내가 일을 맡으면 출판사 윗사람에게 폐를 끼치게 되고, 이 젊은 편집자도 이 정도로 어설픈 기획안이 세상에 통한다는 착각에 빠지게 된다. 그래서 나는 일을 거절하면서 그에게 이유를 설명해주었다.

"장기적으로 보면 이렇게 어설픈 일을 하는 것은 자네 인생에 큰 마이너스네."

그런 다음에 정말로 비즈니스로 연결시킬 수 있는 기획안을 생각해보라고 했다. 내 생각을 전부 이야기해주었기 때문인지, 젊은 편집자도 고개를 끄덕였다. 하지만 보통의 경우에는 상대방에게 그런 이야기까지 해주지 않는다. 단지 일을 맡겠다, 맡지 않겠다는 결과밖에 말하지 않는다. 어린 나무가 자라도록 돕는 버팀목은 시간이 지나면 썩어 사라지게 되어 있다. 스스로의 생명력으로 성장하는 것이 중요한 이유다.

손뼉은 마주쳐야

때로는 아는 사람이니까 어쩔 수 없이 일을 해주는 경우도 있다. 하지만 상대방이 일을 맡아주었다고 해서 다행이라고 생각하면 안 된다. 도움은 한 번으로 끝나기 때문이다.

3년, 5년, 10년이 지난 후, 그 사람에게 부탁하러 가면 더 이상 도와주지 않는다. 더구나 "자네 부탁이라면 언제든지 도와주지"라고 말해주는 사람이 있다면 그 사람은 평생 관계를 이어가야 할 소중한 사람이다.

그런데 스스로 노력하지 않고 누군가의 도움으로만 일을 성사시키려고 하면 소중한 사람을 잃어버릴 가능성이 높다. 젊은 시절에 어리석은 짓을 저질러서 평생 친구가 될 소중한 사람을 잃어버리면 안 된다.

그래서 나는 젊은 편집자에게 거절하는 이유를 설명하면서 다시 시도해보라고 격려해주었다. 곧 이것이 그에 대한 나의 애정의 표시였다. 무조건 일을 맡아주는 것이 상대에 대한 애정이 아니라는 사실을 잊지 말기 바란다.

promition manager
Akihiro Nakatani

RULE
30

평생을 함께 할 파트너를 만들라

나를 성장하도록 돕는 것이 친구다.
인맥, 학연, 지연에 치우치는 것은
결국 나의 진정한 성장을 방해한다.

♥ 32,124 likes

Move Your Heart #75 Rules to become
#a Winner #with in 3 years #after coming around

31 | 야단맞는
사람이 되어라

야단맞아야 야단 안 난다

"왜 일을 이 지경으로 만들었나?"

"지금 정신이 있나 없나? 정신 똑바로 차리고 일하게."

상사에게 이런 잔소리를 들을 때만큼 행복한 순간이 어디 있을까? 입사동기와 선배, 후배가 있는 가운데 상사에게 야단을 맞는 사람은 성장하고 있는 사람이라고 생각해도 틀리지 않다.

상사 쪽에서 보면 야단칠 수 없는 사원이 있다. 조금만 야단치면 얼굴이 어두워지며 상사에게 원한을 갖는 사람이다. 그런 사람은 야단칠 수도 없고 성장하지도 않는다. 야구선수의 경우도 마찬가지다. 감독은 반드시 팀에서 가장 뛰어난 선수를 야단친다.

프로야구 구단인 야쿠르트에서 노무라 감독에게 야단을 가장 많이 맞은 선수는 당대 최고의 포수라는 찬사를 받은 후루다 아쓰야였다. 자이언트 구단에서는 나카하타 기요시, 세이브에서는 이시게 히로미치가 그 역할을 맡았다. 가장 잘하는 선수를 야단침으로써 다른 선수들까지 긴장하게 만드는 것이다.

야단맞을 때는 많은 사람들 가운데 야단맞는 사람으로 선택되었다는 사실에 기쁨을 느껴야 한다. 야단맞지 않아서 다행이라고 생각하는 사람은 절대로 성장하지 못한다.

그런 사실을 알고 나면 상사에게 잔소리를 들어도 안도의 한숨을 내쉴 수 있다. 그만큼 자신의 가능성을 인정받았다는 뜻이니까.

promition manager
Akihiro Nakatani

FOLLOW

RULE
31

야단맞는 사람은 성장하는 사람이다

기꺼이 야단맞고 고치려고 노력하자.
나의 결점들을 찾아주어 성장을 도와주는
그들의 노고에 감사하자.

♥ 32,124 likes

Move Your Heart #75 Rules to become
#a Winner #with in 3 years #after coming around

136

32 | 돈 이외에 어떤 도움을 줄 수 있는가?

사람을 버는 가치를 공유하라

나는 지금 여러 사람들과 같이 일하고 있지만 가능하면 돈의 이동이 없는 일을 하려고 한다. 사람들은 일을 부탁할 때 '이 일은 예산이 많지 않지만……'이라고 말할 때가 많다. 그러나 미래의 성공을 생각하는 사람은 그 일을 통해 지금 당장 돈을 벌려고 하지 않는다. 10년 후에 돈을 벌면 된다는 마음가짐을 가지고 있는 것이다. 돈의 이동은 세무서를 기쁘게 만들 뿐이지 않는가.

부탁하는 입장에서도 '이 일은 예산이 많지 않지만 잘 부탁합니다'라는 식으로 일을 해서는 성공할 수 없다.

'이 일에는 예산이 많지 않습니다만 저는 돈 대신에 다른 부문에서는 협조해드릴 수 있습니다. 그러니까 이 일을 맡아주시지 않겠습니까?'

이런 식으로 서비스나 물건, 지혜를 교환하거나 거래할 수 있는 사람이 성공에 다가갈 수 있다.

화폐보다는 신뢰를 교환하라

'저는 이런 것으로 귀사에 도움을 드릴 수 있습니다. 그 대신 이런 것으로 저를 도와주십시오'라는 서비스의 이동에 관해서는 세무서에서도 세금을 징수할 수 없는 부분이다.

나는 그런 식으로 일을 하기 때문에 돈에 관해 연연할 필요가 없었다. 따라서 돈을 흥정해야 하는 매니저도 필요 없었다. 돈보다는 일이 중요하고, 일에 관계된 사람들이 더 중요하다고 생각해야 한다.

사람들은 흔히 "나중에 출세하면 갚을 테니까 좀 도와주십시오"라는 말을 사용하는데, 이런 말로는 상대방을 설득할 수 없다. 현재 내가 가지고 있는 다른 종류의 가치를 제공함으로써 서로가 성장하는 데 도움이 된다면 신뢰를 남길 수 있고 더 큰 사업으로도 발전할 수 있다.

promition manager
Akihiro Nakatani

RULE
32

가치를 교환함으로 원하는 것을 얻어라

제공 가능한 정당한 무형의 가치를 찾아내라.
교환할 대상이 늘어나면 협상은 유리해진다.
돈이 가장 중요한 사안은 아니다.

♥ 32,124 likes

Move Your Heart #75 Rules to become
#a Winner #with in 3 years #after coming around

33 | 열심히 생각하고 열렬히 배우라

진심으로 배우기를 원해야 한다

누군가에게 배울 때 가장 중요한 일은 진심으로 고개를 숙이며 가르침을 청하는 것이다. 그러한 태도가 아니면 상대방은 자신의 '필살기' 곧, 가장 중요한 노하우를 가르쳐주고 싶지 않을 것이다.

나도 가끔 상대방의 부탁을 거절할 때가 있다. 그때마다 나는 거절하는 이유를 30분에서 한 시간가량 정중하게 설명해준다. 만약 그런 경우 북미 지역이었다면 한 시간의 강의료나 상담료를 받았을 것이다.

그러나 일반적으로는 이유도 설명하지 않고 냉정하게 거절하는 게 다반사다. 당신과는 두 번 다시 일하지 않겠다고 통보하기도 한다. 이는 참으로 매정한 일이 아닐 수 없다.

생각하는 자에게 축복을

배움에 있어 또 한 가지 중요한 것은 집중력을 가지고 자기 머리로 열심히 생각하는 일이다. 진정으로 배우려는 자세를 가지고 있지 않은 사람에게 어렵게 터득한 고급지식을 가르쳐줄 마음이 들겠는가?

잘 몰라도 좋으니 나름대로 최선을 다해 생각하고 "이렇게 하면 어떨까요?"라고 질문했을 때, "그렇지 않아. 왜냐하면……"이라고 설명해줄 마음이 생기는 것이다. 그러면 열심히 생각한 만큼 '아하, 그렇구나!'라는 깨달음을 빨리 얻고 고개를 끄덕일 수 있다.

그러나 최선을 다해 생각해보지 않은 사람은 진지한 그 어떤 것도 별것 아니라고 코웃음을 친다. 하나의 문제에 대해 얼마나 철저하게 고민했는가에 따라 그 이후의 승부가 정해진다. 처음에 쉽게 답을 얻으면 그것으로 끝날 뿐, 자신의 노하우로 쌓이지 않는다. 중요한 것은 몇 문제를 풀었느냐가 아니다. 한 문제라도 철저하게 생각하고 철저하게 고민하여 풀었느냐이다.

최근에 나는 수험생을 위한 책을 쓰고 있는데, 참고서를 몇 권 공부했다는 것은 별로 의미가 없다. 한 문제에서 답을 끌어내기 위해 얼마나 고민했느냐에 따라 다른 문제의 답도 응용해 낼 수 있기 때문이다.

RULE
33

답을 듣기 전에 철저하게 고민하라

배울 수 있는 역량은 선물이다.
공부하는 능력은 기술이다.
배우려는 의지는 선택이다.

♥ **32,124 likes**

Move Your Heart #75 Rules to become
#a Winner #with in 3 years #after coming around

한 문제라도 철저하게 생각하고
철저하게 고민하여 풀어야 한다

34 | 진정한 만남은 젊은 시절에 이루어진다

첫사랑은 따스하다

완장에 집착하는 사람일수록 직급이 낮은 사람들을 무시하곤 한다. 그러나 정말로 일을 잘하는 사람들은 거래처에서 나이가 가장 어리고 직책이 없는 말단사원이라도 함부로 대하지 않는다. 사실 인간은 젊었을 때 만난 사람을 가장 소중히 여기는 법이다. 자신이 말단사원으로 심부름만 하던 시절, 또는 아무것도 모르던 평사원 시절에 따뜻하게 대해준 사람은 결코 잊지 못한다.

처음에 거래처의 말단사원을 만나면 무시해버리기 십상이지만 몇 년이 지나면 반드시 다시 만나게 된다. 그 사람도 나름대로 사회생활을 헤쳐왔을 터이므로, 다시 만났을 때는 상당한 결재권을 가진 책임자가 되어 있을지도 모른다. 지금까지 계속 거만하게 행동하다가 어느날 갑자기 손바닥 뒤집듯 고개를 숙이면 그것 또한 마이너스 요인으로 작용한다.

누구에게나 시작은 있다

그런 모습은 샐러리맨 세계뿐 아니라 연예계를 비롯한 다른 업계에서도 볼 수 있는 일이다. 그것이 세상의 이치다. 따라서 미래를 위해서는 자신과 나이가 비슷한 사람에게 관심을 가지고 정중하게 대해야 한다.

성공을 향해 나아가는 사람은 그런 식으로 인맥을 쌓고 있다. 직책이 높은 사람의 이름은 기억하면서 가장 젊은 말단사원의 이름을 기억하지 못하면 안 된다. 진정한 만남은 직책도 없고 가난한 젊은 시절에 이루어지는 법이니 말이다.

promition manager
Akihiro Nakatani

FOLLOW

RULE
34

젊은 시절의 만남을 소중히 여기라

진정한 만남은 가난한 시절에 많다.
오래된 관계만큼 신뢰하는 관계는 없다.
누구든 그 가능성에 주목하라.

♥ 32,124 likes

Move Your Heart #75 Rules to become
#a Winner #with in 3 years #after coming around

35 | 회사 안팎에
스승을 만들어라

안을 채우고 밖은 빛내라

회사라는 곳은 사장이 아니고서는 반드시 자기보다 직책이 높은 상사가 있게 마련이다. 그 사람을 스승이라고 부를 만한가? 회사 안팎에 직속 상사 외에 스승이라고 부를 수 있는 사람이 있는가? 이에 따라 '성공'이란 두 글자를 거머쥘 수도 아닐 수도 있다.

회사라는 경직된 공간에서 스승을 발견하기는 결코 쉽지 않다. 스승은 따뜻하게 대해주지도 않고, 제자가 되어달라고 먼저 요구하지도 않는다. 스승을 정하면 그 시점부터 선택한 사람에게는 책임과 의무가 따른다. 그 때부터는 누가 뭐라 해도 스승이 하는 말에 거역을 하면 안 된다. 그것은 자신과의 약속으로도 충분하다. 그 사람을 스승으로 선택한 사람은 바로 자기 자신이기 때문이다.

상사와 부하 직원은 업무적인 관계이므로 그다지 유연하지 않다. 스승과 제자 사이는 몹시 엄격한 관계다. 그리고 스승이라 해서 반드시 나이가 많으라는 법도 없다. 사회적 지위가 더 높다고 할 수도 없다. 스승과 제자의 관계는 실력의 관계이기 때문에 연공서열이 존재하지 않는다. 연공서열은 실력의 세계가 아닌 들어온 순서에 따라서 서열을 정해야하는 관습이 만들어낸 부산물일 뿐이다. 그래서 동물의 세계에서는 연공서열이 존재하지 않는다.

안을 채우고 밖은 빛내라

나이 어린 스승을 선택한 사람은 어떤 의미에선 안목이 높다고 할 수 있다. 상대방의 높은 지위 때문에 제자가 되려는 발상으로는 진정한 스승을 만날 수 없다. 회사 안과 회사 밖에 적어도 한 명씩 스승을 두어야 한다. 그렇다고 스승을 찾아가 '저를 제자로 삼아주십시오!'라고 말할 필요는 없다. 스승과 제자는 어디까지나 의식의 문제로, 스승을 자기 마음속으로만 모셔도 충분하다.

'이 사람을 스승으로 모시자. 이 사람이 하는 말은 무조건 들어야 한다. 이 사람은 나의 스승이니까.'

이렇게 생각하면 되는 것이다.

동물의 세계에서는 연공서열이
존재하지 않는다

RULE
35

세상살이에 스승은 많을수록 좋다

모든 위대한 업적 뒤에는 위대한 스승이 있다.
스승은 삶에 지름길을 알려준다.
참스승은 내 속에 있는 희망을 보게 한다.

♥ 32,124 likes

Move Your Heart #75 Rules to become
#a Winner #with in 3 years #after coming around

150

36 | 시시한 사람은
시시한 사람끼리

나무는 땅바닥에 머무르지 않는다

'내 주변에는 스승이라고 부를 만한 사람이 한 명도 없어.'

내 주위에도 가끔 이렇게 말하는 사람이 있다. 그런데 그것은 주변 사람들의 책임이 아니라 자신의 책임이다. 자신의 행동반경이 좁고, 인간에 대한 관찰력이 부족하다는 방증이기 때문이다.

인간이 인간과 만난다는 것은 사실은 대단한 능력이 요구된다. 상대가 가진 장점과 재능과 가능성을 파악하는 능력이야말로 진정한 관계의 시작이다. 사람은 자신과 똑같은 수준의 사람밖에 만날 수 없다. 따라서 '내 주변에는 시시한 사람밖에 없다'고 말하는 사람은 자신이 시시한 사람이라고 인정하는 것이나 마찬가지다. 그 사람은 그런 말을 한 순간부터 시시한 사람이 되고 만다.

연애도 마찬가지다. 주변에 좋은 남자가 없는 것은 아니라 좋은 남자를 알아보지 못하는 것일 수 있다. 그것이 바로 자신이 시시한 여자라는 방증인 것이다. 그러므로 아무리 한탄하고 하소연해봤자 어쩔 수 없는 노릇이다.

함께 자라야 제대로 자란다

인간의 만남이 어긋나는 데는 두 가지 경우가 있다. 하나는 상대방이 자신을 인정해주지 않는 것이고 또 하나는 상대방이 특출한 능력을 가지고 있음에도 불구하고 자신의 능력이 부족해 상대방을 알아차리지 못하는 것이다.

다시 한 번 강조하지만 사람은 비슷한 수준의 사람밖에 만날 수 없다. 직업에는 귀천이 없고 높은 지위에 있다고 그 사람을 훌륭하다고 할 수는 없다. 그러나 사람들 사이에는 수준이 있다. 더 높은 수준으로 올라가려고 하는 성장 마인드를 가지고 있지 않으면 그 사람의 삶은 아무런 의미가 없다. 성장 마인드가 있는 사람은 항상 무언가 해야 한다는 긴장감을 가지고 있다. 그런 마음이 없으면 푸념과 하소연뿐인 인생으로 끝나게 된다.

서로 무시하지 않고
함께 일하는 방법을 터득했을 때
진정한 성장은 시작된다

RULE
36

만남의 폭을 넓혀라

수준 높은 사람들과 어울리고 싶다면
자신이 먼저 그 자리까지 올라가야 한다.
성장 마인드를 가진 사람들을 사귀라.

♥ 32,124 likes

Move Your Heart #75 Rules to become
#a Winner #with in 3 years #after coming around

37 | 진정한 만남은
회사 밖에서 시작된다

달 위에 서면 지구가 보인다

"우리 회사에는 시시한 사람밖에 없어!"

이렇게 말하는 사람은 회사 안에 있는 소중한 보물을 알아보지 못하고 지나쳐 버리는 경우가 많다.

최근에는 인터넷 카페 등을 통해 다른 업종의 사람들과 교류할 기회가 많아졌다. 그런 모임에 나가보면 자기 회사에서는 보통이라고 생각하던 문제가 다른 회사에 비하면 수준 이하라는 사실을 깨닫게 되는 경우가 종종 있다. 그렇다고 자기 회사는 틀렸다고 바로 결론짓는 것은 올바른 태도와 관점이 아니다. 오히려 자신의 회사를 돌아보고, 자기 회사에도 뜻밖에 굉장한 인재가 있다는 사실을 발견해야 한다. 그것이 회사 밖에서 다른 업종의 사람을 만나야 하는 이유이기도 하다.

달 위에 서면 지구가 보인다

사람들은 왜, 무엇 때문에 밖으로 눈을 돌리는 것일까? 그것은 아마도 밖으로 눈을 돌려야 비로소 자신이 있는 곳의 장점을 발견할 수 있기 때문이 아닐까. 외부에 나가서 열심히 보고 열심히 느끼는 사람은 정신적으로도 몇 단계 위로 올라갈 여지가 있다.

회사에 다닐 때, 나도 회사 외부로 나가 여러 가지 일을 했다. 그리고 외부에서 회사 사람을 만나기도 했다. 같은 회사 동료라서 잘 알고 있다 여겼던 사람도, 밖에서 만나면 전혀 다른 새로운 면을 보게 되는 경우가 있다.

"이 사람에게 이렇게 굉장한 면이 있었구나!"

이런 사실은 외부에서 만나야 비로소 깨닫게 되는 것이다.

일반적으로 사람들은 회사 안에서는 그 회사의 얼굴을 가지고 있다. 그래서 같은 회사에 다닌다 하더라도 그 사람의 면면을 속속들이 모르는 경우가 많다. 그러나 만일 회사 밖에서 만날 기회가 생긴다면 그때는 오히려 진정한 만남이 시작될 수 있는 기회이니 놓치지 말고 활용해보는 것이 좋을 것이다.

밖으로 눈을 돌려야 비로소 자신이
있는 곳의 장점을 발견할 수 있다

RULE
37

당신의 영역을 확장하라

누구를 만나느냐에 인생이 달려 있다.
새로운 관점으로 주변을 살피라.
등잔 밑이 어두운 법이다.

♥ 32,124 likes

Move Your Heart #75 Rules to become
#a Winner #with in 3 years #after coming around

38 │ 험담에 신경 쓰면 성장은 멈춘다

미움 받을 용기

"오늘 한잔하러 가자."

회사 동료가 이렇게 말했을 때 "오늘은 약속이 있어서……"라고 거절한다면 반드시 불평을 듣게 된다.

"뭐야? 바쁜 척은 혼자 다 하네. 요즘 툭하면 핑계를 대고 빠진다니까!"

그러다 이윽고 자격증을 따기 위해 공부하고 있다는 소문이라도 퍼지면 사람들로부터 귀가 따갑도록 험담을 듣게 된다. 그러면 험담을 듣기 싫다는 마음에, 사실은 공부하고 싶지만 어쩔 수 없이 동료들과의 술자리에 참석하게 된다. 결국 모처럼 그 수준에서 벗어나려고 하다가 다시 그곳으로 돌아가 버리는 우를 범하고 만다.

성장은 혼자 있을 때 일어난다

주변에서 험담이 들리기 시작하면 자신은 그 수준에서 벗어나기 시작했다고 생각해야 한다. 험담을 듣는 것은 나쁜 일이 아니라 그 수준에서 벗어나기 시작했다는 증거다.

어느 집단에서 벗어나려고 하면 그 집단에 속해 있는 사람들은 반드시 공격하게 되어 있다. 자신들이 뒤처진다는 기분이 들기 때문이다. 자기 수준보다 뒤떨어지는 사람에게는 누구도 손가락질을 하지 않는다. 또한 자기 수준에서 완전히 벗어난 사람에게도 비난의 화살을 돌리지 않는다

가장 괴로운 순간은 험담을 듣는 동안이다. 인간은 본래 험담을 들으면 마음이 약해지고, 따돌림 당하는 것에 공포를 느낀다. 그래서 험담을 들으면 모처럼 그 수준에서 벗어나기 시작했다가도 원래 상태로 되돌아가는 사람들이 많다. 하지만 험담에 신경 쓰면 그 사람의 성장은 그곳에서 멈추고 만다. 당신은 주변의 험담으로 인해 성장을 멈추는 어리석음을 범하고 있지는 않은가?

promition manager
Akihiro Nakatani

RULE
38

쉬운 일을 하지 말고 옳은 일을 하라

자신들의 흠을 고치는 대신
남의 결점을 찾는 사람들의 말에
인생을 낭비하지 마라.

 32,124 likes

Move Your Heart #75 Rules to become
#a Winner #with in 3 years #after coming around

39 | 시장가치의 ⅔는 회사의 힘이다

연봉의 힘은 어디에서 오는가?

자신의 실력이 연봉에 걸맞은지 생각해본 적이 있는가?

예를 들어 연봉 6천만 원을 받는 사람이 있다고 하자. 그 사람이 다른 회사에 가면 연봉을 얼마나 받을 수 있을까?

헤드헌터 회사에서 시장가격을 산정하면 그 사람의 시장가치는 연봉의 3분의 1 정도다. 그 사람의 힘으로 벌 수 있는 돈이 2천만 원 정도라는 것이다. 즉 자기 연봉의 3분의 2는 회사의 힘으로 벌어들인다고 생각해야 한다. 그럼에도 월급을 더 많이 받아야 한다고 생각하는 사람이 많다.

그러나 사회는 그렇게 만만하지 않다. 유명 브랜드가 붙어 있는 가방을 생각해 보자. 브랜드의 로고가 붙어 있지 않다면 과연 가방 그 자체로 고가高價의 가격표를 붙일 수 있을까?

샐러리맨에게는 모두 회사라는 이름의 브랜드가 붙어 있다. 회사 안에서도 직함이라는 브랜드가 붙어 있다. 그것을 떼어내고 한 사람의 인간으로서 어느 정도의 가치가 있는지 생각해보아야 한다. 그런 면에서 보면 월급이 적다고 불평하는 것이 얼마나 무의미한지 알 수 있다.

호랑이는 무리에 머무르지 않는다

이것은 월급만의 문제가 아니다. 거래처 직원을 만났을 때, 상대방은 조심스럽게 명함을 내밀며 정중하게 인사를 한다. 때로는 만면에 미소를 지으며 손까지 비비기도 한다. 하지만 그것을 자신의 힘이라고 여겨서는 안 된다. 자신은 어디까지나 조직과 신분의 울타리 안에서 안전하게 먹이를 먹고 있다고 생각해야 한다. 따라서 그 안에 있는 동안, 언제든지 자기 힘으로 먹이를 사냥할 수 있도록 발톱을 날카롭게 갈지 않으면 안 된다.

먹이를 얻어먹고 있는데도 자기 힘으로 먹이를 잡아먹고 있다고 착각하는 것은 얼마나 어리석은 일인가? 그런 오해에 싸여 있다면 당신이 세상이라는 무대에 당당한 주인공으로 홀로 서는 일은 어느새 멀어지게 된다.

RULE
39

<u>스스로</u> 사냥할 수 있는 힘을 길러라

누구나 먹기를 바라지만
아무나 사냥에 나가는 것은 아니다.
생존자가 아니라 전사가 되라.

♥ 32,124 likes

Move Your Heart #75 Rules to become
#a Winner #with in 3 years #after coming around

40 | 기록은 소중한
재산이다

수첩에는 증거능력이 있다

한 가지 일이 끝났을 때, 그곳에서 얻은 노하우로 책을 한 권 쓸 수 있어야 한다. 일을 할 때는 반드시 메모를 해두어야 한다. 지금 당장은 필요 없을지 모르지만 5년, 10년 후에는 필요할 때가 있다.

어떤 일을 하다가 실패했다고 하자. 대부분의 사람들은 실패한 일은 기억에서 빨리 지워버리고 싶기 때문에 기록해두지 않으려 한다. 이것은 점수가 나쁜 답안지는 버리고, 점수가 좋았던 답안지만 모아두는 수험생의 행동과 같은 것이다. 이렇게 해서는 실패에서 아무것도 배울 수 없다. 물론 성공한 일이나 열심히 했던 일을 기록으로 남겨두는 것도 중요하다. 슬럼프에 빠졌을 때, 상이나 트로피를 받으면 컨디션이 회복되는 것과 같은 심리적인 효과가 있다.

호모 메모쿠스 *HOMO MEMOCUS*

그러나 일에서 실패했을 때 무엇 때문에 실패했는지, 어떻게 극복했는지 아는 것은 매우 중요한 일이다. 그것은 기록해두지 않으면 절대로 알 수 없다. 아무리 머리가 좋아도 메모해두지 않으면 잊어버리게 된다. 치밀하게 분석하지 않고 무엇이 문제였는지 대충 머릿속으로 생각하는 사람은 똑같은 실패를 되풀이하게 된다.

무엇이 문제였는지는 반드시 기록으로 남겨두어야 한다. 더구나 대충대충 쓰지 말고 정확하게 메모해야 한다. 기록의 가장 중요한 목적은 머릿속을 정리하는 것이기 때문이다.

RULE
40

모호한 기억 정확한 기록

메모는 '생각 정리'의 첫 단계이다.
메모는 정보를 만드는 습관이다.
많은 정보는 통찰력의 근원이다.

♥ 32,124 likes

Move Your Heart #75 Rules to become
#a Winner #with in 3 years #after coming around

41 | 보고서를 쓰며
머릿속을 정리하라

내 영혼에 보고서

보고서는 누구를 위해 쓰는 것일까?

대부분의 사람들은 상사에게 보여주기 위해 보고서를 쓴다고 생각하고 있다. 이는 큰 착각이며 오해에 불과하다. 보고서는 5년, 10년 후의 자신을 위해 쓰는 것이다. 자신을 위해 쓰는 것인 만큼 보고서를 쓸 때는 최대한 자세하게 써야 한다.

보고서를 쓰면 뒤죽박죽 헝클어져 있는 머릿속을 정리할 수 있다. 나아가 자신을 객관적으로 바라보고 어려움도 극복할 수 있다.

내 경험을 예로 들면, 우리 회사에는 '평가회'라는 것이 있었다. 그 달에 만든 광고를 한 시간 정도 보는 것이다.

그때 한 임원이 이렇게 말했다.

"정말 한심하기 짝이 없군. 누가 만들었나?"

"네, 제가 만들었습니다."

평가회에서는 칭찬해주는 경우는 거의 없고 눈물이 나올 정도로 야단을 맞아야 했다. 사내에서 듣는 비난이 거래처에서 듣는 비난보다 훨씬 더 심했다. 거래처에서 비난을 들어도 태연할 수 있도록 만드는 훈련이기 때문이다. 그런 것들을 세세하게 기록해두지 않으면 실패의 경험을 살릴 수 없다.

실패는 매우 소중한 재산이다. 그렇게 소중한 재산을 살리려면 기록으로 남겨두어야 한다. 기록으로 남겨두지 않고 술집에서 "젠장! 그때 상사가 나한테 얼마나 잔소리했는지 알아?"라고 불평만 늘어놓아서는 결코 성장하지 않는다.

당신은 자신을 위해 보고서를 쓰고 있는가?

promition manager
Akihiro Nakatani

FOLLOW

RULE
41

자신을 위한 보고서를 쓰라

번뜩이는 아이디어나 스쳐가는 생각도
시간이 지나면 그 가치는 달라질 수 있다.
기록은 시간을 견디는 힘이 있다.

 32,124 likes

Move Your Heart #75 Rules to become
#a Winner #with in 3 years #after coming around

42 │ 먼저 자신을
소개하고 인사하라

먼저 인사하라

이 세상에는 두 유형의 사람이 있다. 먼저 인사하는 사람과, 상대방의 인사를 받은 다음에 인사하는 사람이다. 그런데 상대방의 인사를 받은 다음에 비로소 인사하는 사람은 성공하기 어렵다고 나는 생각한다. 성공하기를 원한다면 먼저 인사를 건네는 법을 연습해야 한다.

사회는 상대방이 자신에 대해 잘 알고 있을 정도로 좁지 않다. 사회가 좁다는 생각에 빠져 있으면 자신의 세계는 더 이상 확장되지 않는다. 같은 회사에 다닌다고 해도 상대방이 자신에 대해 모른다고 생각하는 편이 좋다. 하물며 회사가 다른 상황에서 상대방이 자신에 대해 잘 아는 것이 오히려 이상하지 않은가?

자기를 낮추는 자는 높아진다

사람들은 누군가를 처음 만나면 일단 상대방의 직책부터 확인하려고 한다. 이쪽이 과장 명함을 가지고 있으면 상대방도 과장은 되어야 하고, 대리 명함을 가지고 있으면 상대방도 대리 이상은 되어야 한다고 생각한다. 만약 이쪽이 과장인데 상대 회사에서 대리가 나오면 그때부터 무시당했다고 생각하게 된다.

하지만 다른 업종 간에는 상하관계도, 이해관계도 없다. 그런 경우에 자신만의 세계에 갇혀 있는 사람은 상대방을 어떻게 대해야 할지 알 수 없다. 그렇다면 일단 정중하게 대해야 하는데도 거만하고 퉁명스럽게 행동하는 사람이 있다. 마치 자기 회사에서 부하 직원을 대하듯이 말이다.

그런 사람은 자기 회사에서 어떻게 행동할까?

아마 윗사람에게는 예의바르게 행동하지만 이해관계가 없는 사람, 상하관계가 명확하지 않은 사람에게는 거만하게 행동할 것이다. 사회적인 예의를 배우지 못한 채 좁은 세계에서 살아왔기 때문이다. 그런 사람이 성공의 계단에 올라가는 것은 거의 불가능에 가깝지 않을까?

promotion manager
Akihiro Nakatani

FOLLOW

RULE
42

먼저 인사하는 자가 성장한다

인사는 '예의 바름'의 척도이다.
인사 잘 하는 사람 중 불친절하거나
못된 사람은 없다.

♥ 32,124 likes

Move Your Heart #75 Rules to become
#a Winner #with in 3 years #after coming around

43 │ 승부는 전화 한 통으로 정해진다

전화는 1대 1의 승부다

나는 일을 할 때 비서를 통하지 않고 직접 전화를 받는 편이다. 그 일을 맡을 것인지, 아닌지를 전화를 건 사람의 이야기를 직접 듣고 판단하고 싶기 때문이다. 나는 사람의 능력을 말투와 전화 거는 방식으로 판단하기도 한다. 더불어 전화를 직접 받으면 일에 대한 그 사람의 열정도 알 수 있다.

한번은 어떤 사람이 매우 독특한 기획안을 내놓았다.

"기획은 재미있지만 난 아직 그런 일을 해본 적이 없는데요."

그랬더니 이렇게 말하는 것이 아닌가?

"실례인 줄 알면서도 선생님께서 지금까지 하신 일을 전부 조사해 보았습니다. 그 결과, 선생님은 이 일을 하실 수 있다고 판단했습니다. 예전에 하신 일에서 얻었던 노하우를 이번 일에서 살릴 수 있지 않을까요?"

나는 그의 열의에 감동받아 그 일을 해주고 싶었지만, 시간이 너무 많이 걸리는 일이라 당장 하겠노라 약속할 수 없었다. 하지만 언젠가는 그와 같이 일하리라는 것은 의심할 여지가 없다. 5년, 늦어도 10년 안에 반드시 그와 같이 작업을 하고 있을 것이다.

전화기는 미끼통이다

이런 식으로 나는 전화 한 통으로 일을 할지 말지를 결정한다.

먼저 팩스나 메일로 기획안을 받고, 그것을 보면서 전화로 이야기한다. 그러면 결론을 빨리 내릴 수 있다. 팩스나 메일을 보면 금세 알 수 있는 기획안을 말로 설명하려고 하면 장황해진다. 어디에 소속되지 않고 프리랜서로 일하는 사람에게 한가한 시간은 없다. 그런 가운데 특별히 시간을 쪼개 만나볼 만한 사람인가, 그렇지 않은가를 전화 한 통으로 결정하는 것이다.

전화 연락 같은 잡무는 언뜻 쓸데없는 일처럼 보인다. 그러나 잡무를 얼마나 잘 처리하느냐를 보면 그 사람의 업무 능력을 알 수 있다.

전화벨이 울리면 되도록 빨리 전화를 받아야 한다. 그것은 상대방의 시간을 절약해주는 것으로 이어지기 때문이다.

promition manager
Akihiro Nakatani

RULE
43

잡무에 강한 자가 되라

전화 업무는 비즈니스의 기본기이다.
전화벨은 장래 비즈니스 찬스를 여는 열쇠이다.
세련된 전화 업무는 성공 가능성을 높인다.

♥ 32,124 likes

Move Your Heart #75 Rules to become
#a Winner #with in 3 years #after coming around

178

44 | 명함은 총이다

아파야 총상이다

샐러리맨이 어느 정도의 아수라장을 헤쳐왔는지는 명함 내미는 것을 보면 쉽게 알 수 있다. 선배나 상사에게 교육을 받지 못한 사람은 명함을 내미는 타이밍이 느리다. 사실 샐러리맨의 명함은 군인의 총과 같다. 조금이라도 늦게 내밀면 상대방의 총에 맞아 전사하는 사태가 벌어진다.

명함을 다루는 행동을 보면 그 사람의 역량을 알 수 있다. 명함을 다루는 것에 서툰 비즈니스맨은 명함을 받는 즉시 주머니에 넣어버린다. 그리고 이야기하는 도중에 상대방의 이름을 말해야 하는 상황에 이르렀을 때, 이름을 기억하지 못해 슬며시 꺼내보기도 한다.

상대방에게 받은 명함을 즉시 주머니에 집어넣는 이유는 한 가지다. 이미 그 시점부터 상대방의 페이스에 끌려가다 보니 여유를 잃었기 때문이다.

반면에 신입사원 시절부터 수많은 아수라장을 헤쳐나오면 정신적인 여유를 가질 수 있다. 비즈니스 사회에서 일어나는 모든 일은 경험을 통해 배워야 하는데, 아수라장을 헤쳐나온 경험이 없는 사람은 일에 대한 감수성이 자라지 않는다. 중요한 것은 자신의 성장을 깨닫는 감수성을 갖고 있느냐 없느냐는 것이다.

매너도 마찬가지다. 매너는 부끄러움을 당하지 않으면 몸에 배지 않는다. 그리고 어떤 행동을 해도 수치를 느끼지 않는 사람은 크게 성장할 수 없다.

수치를 느끼는 것은 나쁜 일이 아니다. 수치를 느끼지 못하는 사람은 인간으로서 최악이다. 매일매일 비즈니스 현장에서 '아! 난 지금 총을 맞았어!'라는 감각을 가지고 있지 않으면 인간으로, 비즈니스맨으로 성공할 수 없다.

샐러리맨의 명함은
군인의 총과 같다

promition manager
Akihiro Nakatani

RULE
44

명함 한 장으로도 큰 거래가 성사된다

비즈니스가 전쟁이라면 명함은 총이다.
총을 제대로 사용해야 이긴다.
총상을 입었다면 분석하고 개선하라.

♥ 32,124 likes

Move Your Heart #75 Rules to become
#a Winner #with in 3 years #after coming around

45 | 일을 잘하는 사람은 복사도 잘한다

기회는 준비하는 자의 몫

신입사원 시절에는 자질구레한 잡무가 많을 수밖에 없다. 사람들은 회사에서 가장 시시한 잡무를 복사하는 것과 커피 타는 것이라고 생각한다. 그리고 신입사원 시절 남자는 주로 복사를 하고, 여자는 손님에게 차를 내주는 일을 맡게 된다.

복사를 잘하는 사람은 일도 잘한다. 복사기를 제대로 사용할 뿐만 아니라 어떻게 복사하면 종이를 낭비하지 않는지, 서류의 어느 부분을 얼마나 확대 복사하면 가장 보기가 편한지 알고 있다.

또한 '이 서류를 석 장 복사해오게'라는 지시를 받았을 때, 그 서류가 자신의 관심 분야라면 자신을 위해 한 부 더 복사해둔다. 회사에 들어가면 파일의 달인이 되어 '이 일에 관해서는 저 친구가 자료를 가지고 있어. 저 친구에게 부탁하세'라는 상황을 만들어야 한다. 그래야 자기 분야를 확보하고 일을 차지할 수 있다.

신입사원 시절에는 인기 있는 부서로 가고 싶다든지, 화려한 일을 하고 싶어 하기 마련이다. 하지만 아무것도 모르는 신입사원에게 그런 일이 주어질 리가 만무하다. 따라서 언제 갑자기 기회가 찾아와도 해낼 수 있도록 미리 준비를 해야 한다.

흐르지 않는 강은 없다

신입사원 중에는 상사가 마음에 들지 않는다든지 앞뒤가 꽉 막힌 고집불통이라서 대화가 되지 않는다고 불만스럽게 생각하는 이들이 많다. 그러나 고민할 필요는 없다. 조직사회는 흐르는 물처럼 끊임없이 변하기 때문에 상사는 반드시 이동하게 되어 있다.

상사가 승진하거나 좌천하거나 입원해서 어느 날 갑자기 사라졌을 때 그때가 승부의 갈림길이다. 새로 부임한 상사는 그 업무에 관해 잘 모를 수밖에 없다. 그러면 누가 그 일을 할 수 있을까?

일은 직위나 직책으로 하는 게 아니라 그 일에 대해 가장 잘 아는 사람이 하는 법이다. 즉, 그 일에 정통하고 자료 정리도 잘 되어 있다면 당신에게 일이 돌아올 수밖에 없다.

갑자기 기회가 찾아와도
해낼 수 있도록 미리
준비를 해야 한다

RULE
45

위대한 일은 작은 일부터

위대한 일을 맡지 못할 거라면
작은 일을 위대하게 하라.

46 | 출세란 하고
싶은 일을 하는 것이다

내가 아니면 안 돼!

오늘날과 같은 컴퓨터 세상에서는 데이터베이스를 잘 활용하는 사람이 일을 잘할 수밖에 없다.

예전에는 과장이나 부장의 서랍 속에 있는 자료를 말단사원이 볼 수 없었다. 하지만 지금은 말단사원이라도 과장이나 부장을 뛰어넘어 사장밖에 볼 수 없는 수준의 정보를 볼 수 있다. 컴퓨터가 연공서열을 무너뜨린 것이다.

예전에는 직함이 높아지면 출세하는 것이라고 생각했다. 하지만 지금은 '출세'라는 단어의 의미가 바뀌고 있다. 진정한 출세는 본인이 하고 싶은 일을 하는 것이기 때문이다.

현장에서 열심히 일하던 사람이 갑자기 관리직으로 가게 되면 사원들 간의 인간관계에 신경을 쓰지 않을 수 없다. 이는 출세가 아니라 위쪽으로의 좌천이며 위쪽으로의 강등이다. 지금까지는 자신이 하고 싶은 일을 할 수 있었지만 앞으로는 할 수 없게 되었기 때문이다.

맨 밑에 있는 말단사원이라도 그 업무만큼은 본인밖에 할 수 없는 상태, 이것이 진정한 의미의 출세가 아닐까? 그러려면 자신이 담당하는 업무에서 최고가 되어야 한다. 그런 의미에서 볼 때 복사는 대단히 중요한 업무라고 할 수 있다.

지금까지 자료를 관리하고 회의록을 만드는 일은 하찮은 업무라고 우습게 여겼을지도 모른다. 그러나 회사의 극비 정보를 볼 수 있는 만큼 실은 어떤 업무보다 중요한 일이라고 할 수 있다.

**진정한 출세는 본인이 하고
싶은 일을 하는 것이다**

RULE
46

정보화 시대를 맞이하라

자기 분야에서 최고가 되어야 자리를 지킨다.
늘 새로운 기술과 흐름에 깨어있어야 한다.

♥ 32,124 likes

Move Your Heart #75 Rules to become
#a Winner #with in 3 years #after coming around

47 | 중요한 것은 사람과 사람의 만남이다

나는 아무개가 아니다

샐러리맨은 전화를 걸거나 사람을 만날 때, 무의식중에 "○○주식회사의 XX입니다"라고 말한다. 어느 순간부터 자기 이름보다 회사 이름으로 승부하고 있는 것이다. 하지만 그래서는 자신의 객관적인 시장가치를 알수 없다. 그리고 자신의 시장가치를 정확하게 알지 못하면 발톱을 날카롭게 만들 수 없다.

퇴근 후에도 회사 이름으로 자신을 포장하는 사람은 결코 성장하지 못한다.

가령 퇴근 후에 다른 업종의 사람을 만나는 모임에 참가한다고 하자. 다른 업종의 사람을 만나는 목적은 회사를 벗어난 곳에서 사람들을 만남으로써 자극을 받으려는 것이다. 그런 모임에서는 맨 먼저 자기소개부터 하는데, 회사 이름만 입에 올릴 뿐 다른 이야기를 하지 않는 사람이 있다.

"○○주식회사 총무과 대리 XX입니다."

그러면 사람들의 머릿속에는 '○○주식회사 총무과 대리 XX 씨'라고 새겨지게 된다. 그때 'XX 씨'라는 이름이 정확하게 새겨지면 다행이지만 이름은 사라지고 '○○주식회사 총무과 대리'만 남는다면 큰 문제가 아닐 수 없다. 회사 이름을 말하면 결국 '우리 회사는 평소에 귀사에게 신세를 많이 지고 있습니다'라는 식의 회사 대 회사의 이야기로 변질되고 만다. 그렇게 되면 모처럼 회사 외부에 나가서 다른 업계의 사람을 만난 의미가 없어진다. 따라서 그때부터 업무의 연장선이 되며, 그런 모임에 참석한 본래의 취지에도 어긋나는 어리석은 행동이 되고 만다.

가장 중요한 것은 사람 대 사람의 만남이다. 그럼에도 대부분의 샐러리 맨들은 사람 대 사람의 만남이 아니라 회사 대 회사의 만남을 가지려고 한다. 그런 사람이 성공할 수 없는 것은 당연하지 않을까?

가장 중요한 것은 사람 대
사람의 만남이다

promition manager
Akihiro Nakatani

FOLLOW

RULE
47

자신의 이름으로 승부하라

회사가 평생을 책임지지 않는다.
자신의 브랜드를 관리하라.
자신의 능력이 필요한 곳에 적극적으로 어필하라.

♥ 32,124 likes

Move Your Heart #75 Rules to become
#a Winner #with in 3 years #after coming around

48 | 잃어버린 신용은
회복할 수 없다

거래의 호흡기는 신용이다

일을 하다 보면 문제가 생기게 마련이다. 그럴 때 사람들은 '정말 죄송합니다. 다음에는 이런 일이 생기지 않도록 주의하겠습니다' 또는 '죄송합니다. 윗사람들이 워낙 고지식해서요'라는 식으로 끝내려고 한다.

회사 대 회사의 문제로 가지고 가면 '윗사람들은 왜 그렇게 고지식한지 모르겠어요. 우리 같은 말단 월급쟁이들만 불쌍하지요!'라는 이야기로 이어진다. 그러나 이렇게 하면 사람 대 사람의 신용을 쌓을 수 없다. 성공을 거머쥐고 싶다면 말단 샐러리맨 시절부터 회사의 간판을 이용해 자신의 신용을 쌓아야 한다.

신용이 있는 사람이 어떤 실수를 저질렀을 때는 한 번쯤은 너그럽게 봐줄 수 있다. 그 사람이 지금까지 해온 행동이 신용이라는 형태로 쌓여 있기 때문이다. 하지만 만난 지 얼마 되지 않은 시점에서 저지른 실수를 '죄송합니다. 이번 실수는 다음번에 반드시 보충하겠습니다'라는 말로 끝낼 수 있다고 생각하면 그것은 큰 착각이다.

거래의 호흡기는 신용이다

한 번 잃어버린 신용은 절대로 회복할 수 없다. 시간이 아무리 흘러도 한 번 잃어버린 신용은 돌아오지 않는다. 한 번 신용을 잃어버리면 그 사람에게 다시 신용을 얻기는 불가능하다.

거래처에 의리를 지키지 않아도 거래대금을 받는 데는 아무런 문제가 없다. 돈은 예금계좌로 들어오기 때문이다. 하지만 다음 거래는 기대할 수 없다. 즉 지금 자신이 하는 일은 이번 거래대금을 받기 위해서가 아니라 다음 일을 성사시키는 신용을 축적하기 위해서 하는 것으로 생각해야 한다. 이번 거래대금은 다음 거래의 성사 여부에 상관없이 들어온다. 그러나 도리에 맞지 않게 행동하면 다음 거래로 이어지지 않는다. 이 사실을 마음 깊이 새겨두지 않으면, 미안하다는 말 한마디로 신용을 쌓을 수 있다는 착각에 휩싸이게 된다.

promition manager
Akihiro Nakatani

FOLLOW

RULE
48

나의 신용이 곧 나의 미래다

실패보다 신뢰를 잃는 것을 두려워하라.
약속을 지키지 못하면 아무것도 지킬 수 없다.
객관적으로 판단하고 주체적으로 행동하라.

♥ 32,124 likes

Move Your Heart #75 Rules to become
#a Winner #with in 3 years #after coming around

49 | 승부는 두 번째 일에서 정해진다

발자국 하나로 길이 되지 않는다

겉으로 보기에 자신과 상대방이 1 대 1로 일하고 있다고 해도 상대방의 주변에는 많은 사람이 관계하고 있다. 다시 말해 일에 문제가 생길 경우, 피해를 보는 사람은 상대방 한 사람만으로 끝나지 않는다는 뜻이다. 지금 내가 하는 일도 나와 상대방만으로 끝나는 경우는 거의 없다. 내 뒤에도 몇 명이 관련되어 있고, 그 사람들 뒤에도 몇 명이 또 관련되어 있다. 이것은 상대방도 마찬가지다.

이 세상에 두 사람만이 할 수 있는 일은 없다. 그런 상황에서 실수를 저질러도 "죄송합니다"라는 말 한마디면 모든 문제가 해결된다고 생각하는 사람이 섞여 있으면 굉장히 위험하다. 그런 사람은 신용을 소중히 생각하고 열심히 일하는 사람에게 피해를 줄 수밖에 없다. 따라서 나는 그런 사람과는 함께 일할 수 없다고 단호하게 잘라 말한다.

최상의 상품이 최고의 예의다

나는 처음 일하는 사람과는 최선을 다해 일한다. 그러지 않으면 나의 능력을 보여줄 수 없고 상대방의 능력도 알 수 없으며, 일이 성공하든 실패하든 그곳에서 얻는 것이 많지 않기 때문이다. 또한, 다음에도 그 사람과 함께 일할 것인지 판단도 할 수 없다. 이것은 상대방도 마찬가지가 아닐까?

처음에는 누구든 예의상 일을 해준다. 그러나 두 번째 일은 첫 번째 일이 만족스러웠는지 그렇지 않았는지에 따라 정해진다. 이것은 고객도 마찬가지다. 그 회사의 물건을 샀다고 모두 고객이 되지는 않는다. 다음에도 그 회사의 물건을 사야 진정한 고객이 되는 법이다.

promition manager
Akihiro Nakatani

FOLLOW

RULE
49

신용은 남이 만들어 줄 수 없다

승리란 최선을 다했다는 것을 아는 것이다.
모든 것을 바쳤다면 이미 이긴 것이다.
신뢰를 잃었다면 모두 잃은 것이다.

♥ 32,124 likes

Move Your Heart #75 Rules to become
#a Winner #with in 3 years #after coming around

50 | 멋지게 패배하는 방법을 배워라

그래도, 지구는 돈다

푸념과 불만은 어떻게 다를까? 푸념은 상대방에게 말하지 않고 혼자 투덜대는 것이고, 불만은 상대방에게 직접 말하는 것이다. 아무런 위험도 뒤따르지 않는 푸념은 비겁한 사람의 행동이다. 그에 비해 불만은 반드시 위험이 뒤따른다. 어쩌면 상사에게 미움을 살 수도 있고 지방으로 좌천될 수도 있으며, 상사의 원한이 깊다면 직위가 내려갈 수도 있다. 그래도 불만을 말하지 않으면 직성이 풀리지 않는 사람이 있다. 그런 사람은 자신의 불만에 대해 객관적으로 생각해보아야 한다.

'내가 이렇게 불만을 제기하면 상대는 이렇게 반론할 것이다. 그러면 이렇게 반격하자.'

여기에서 알 수 있듯 푸념이 주관적인 행위라면 불만은 지적인 싸움이라고 할 수 있다.

사람은 싸우지 않으면 성장할 수 없다. 그리고 기왕에 싸우려면 자신보다 강한 사람에 맞서 싸우면서 성장해야 한다. 어릴 때는 주먹으로 싸우지만 사회에 나오면 논리적으로 싸울 수 있어야 한다. 논리로 상대방을 제압하고 싸움을 마무리하는 방법도 배워야 한다. 그러나 논쟁에는 강하지만 마무리하는 방법이 서툰 사람은 회사라는 조직에서 살아남기 어렵다. 토론에서 이기는 것은 동시에 지는 것이기도 하다. 대부분의 사람들은 토론에서 반드시 이겨야 한다고 생각하기 때문에, 토론에서 패배하면 '그 말이 맞긴 하지만……'이라고 투덜댄다.

회사에서 상사와 의견이 엇갈릴 때, 토론에서 이긴다고 자기 의견이 통과될까? 천만의 말씀이다. 토론에서 이긴다고 자기 의견이 통과될 정도로 회사는 단순한 곳이 아니다. 때로는 싸움에서는 승리하는 것보다 한걸음 뒤로 물러서는 게 도움이 될 때가 있다. 멋지게 패배하는 사람이 결국 원하는 결과를 거머쥘 수 있는 것이다.

싸움에서는 승리하는 것보다 한걸음
뒤로 물러서는 게 도움이 될 때가 있다

RULE
50

멋지게 토론하고 멋지게 패배하라

토론은 지식^{知識}을 나누는 것이고
언쟁은 무식^{無識}을 나누는 것이다.

♥ 32,124 likes

Move Your Heart #75 Rules to become
#a Winner #with in 3 years #after coming around

51 | 입사 동기의 상황을 파악해두어라

입사 동기는 기지국이다

입사 동기와 술을 마시러 가는 일은 나쁘지 않다. 성공하고 싶다면 입사한 순간부터 입사 동기가 어디에서 무슨 일을 하고 있는지 항상 관심을 가지고 눈여겨두어야 한다. 조직이 크면 클수록 자기 부서 외에는 관심이 없는 소위 부서주의Sectionalism에 빠지게 되는데 그래서 입사 동기들이 어느 부서에서 어떤 일을 하고 있는지 잘 모를 수 있다. 자기에게 주어진 업무를 처리하느라 정신없어서 그런 곳에 신경 쓸 여력조차 없어진 것이다.

종적인 정보의 흐름은 매끄럽지만, 횡적인 정보의 흐름은 매끄럽지 않은 것, 이것이 일반적인 조직의 특징이다. 그래서 부서주의에 사로잡히면 일의 효율이 떨어지게 된다.

최근에는 회사에 틀어박혀 회사가 곧 사회라고 생각하는 사람이 늘어나고 있다. 심하면 자신의 부서를 사회라고 생각하는 사람도 있다. 그러나 관리직으로 올라가도 자신의 회사에 대해 전부 알고 있는 사람은 거의 없다. 우물 안 개구리처럼 회사에 틀어박혀 작은 하늘만 바라보는 사람이 되어서는 안 된다. 성공하려면 회사 안에 잠들어 있는 네트워크를 활용해야 한다.

신입사원 시절에는 입사 동기들과 저녁도 먹고 술도 마시러 가지만, 점점 세월이 지나면서 입사 동기들과는 얼굴도 마주치지 않고 정보도 교환하지 않는 것이 요즘의 현실이다. 그렇다면 모처럼 큰 회사에서 근무하는 보람이 없다. 만약 자신의 행동반경이 열 명으로 이루어진 부서에 불과하다면, 1만 명 규모의 큰 회사에 다니는 것과 열 명밖에 안 되는 작은 회사에 다니는 것이 무슨 차이가 있겠는가.

자신의 미래는 인적 네트워크를 얼마나 잘 활용하느냐에 달려 있다고 생각해야 한다.

우물 안 개구리처럼 회사에 틀어
박혀 작은 하늘만 바라보는 사람이
되어서는 안 된다

RULE
51

입사 동기의 네트워크를 구축하라

입사 동기는 기지국처럼 정보를 발신한다.
마음이 닫혀있다면 눈이 있어도 소용이 없다.
성공은 최고의 정보를 확보하는 데 있다.

♥ 32,124 likes

Move Your Heart #75 Rules to become
#a Winner #with in 3 years #after coming around

208

52 | 상사에게는 얻어먹고 후배에게는 베풀어라

사랑은 내리는 것이다

술을 마시러 가면 상사에게는 얻어먹고 후배에게는 베풀어야 한다. 미안한 마음이 든다고 상사에게 대접할 필요는 없다. 또한 상사에게는 배우고 부하 직원에게는 가르쳐주어야 한다. 회사라는 조직에 몸담은 이상 상사는 부하 직원을 가르쳐야 할 의무가 있다. 자신이 그동안 회사에서 배운 것에 대한 보답을 상사가 아닌 후배에게 노하우로 물려주어야 한다.

나의 스승은 '지옥의 연수 대왕'이라고 할 정도로 가르치기를 좋아했다. 참견을 좋아해 그냥 지나쳐도 되는 사소한 일에도 잔소리를 했다. 그런데 지금 생각해보면 그는 자기 의무를 다했을 뿐이다. 자신의 상사에게 배운 노하우를 자신의 부하 직원에게 전해야 한다는 의무를 충실히 수행했을 뿐이다.

사실 누군가를 가르치려면 엄청난 에너지가 필요하다. 한때 나는 스승을 피한 적이 있고, 스승도 나를 싫어한 적이 있다. 회사에서 원만한 인간관계를 쌓으려면 서로 칭찬해주고 서로 따뜻하게 대해주어야 하는데 부하 직원에게 노하우를 전수하려면 잔소리를 하지 않을 수 없다. 그것은 상사에게도 어려운 일이다. 하지만 회사라는 조직에 들어가면 그 순간부터 자신은 노하우를 전달하는 흐름 속에서 존재한다고 생각해야 한다. 결코, 자기 혼자 존재하는 것이 아니다.

나는 한때 스승의 잔소리가 듣기 싫어 여기저기로 도망 다녔다. 그런데도 스승에게 배운 것은 내 몸 깊숙한 곳에 스며들었다. 지금 내가 하는 말도 신입사원 시절에 '제발 나를 내버려두세요! 잔소리 좀 그만 하세요!'라고 마음속으로 외치면서 스승에게 귀가 따갑도록 들어온 것이다.

누군가를 가르치려면 엄청난
에너지가 필요하다

promition manager
Akihiro Nakatani

FOLLOW

⋮

RULE
52

항상 배우고 항상 가르치라

진짜 교육이란 배운 모든 것을 잊어도
끝까지 살아남는 어떤 것이다.
그러므로 삶이란 배움 그 자체이다.

♥ **32,124 likes**

Move Your Heart #75 Rules to become
#a Winner #with in 3 years #after coming around

53 │ 같이 일한 파트너를 평생 친구로 만들어라

시간은 모든 것을 밝혀준다

나는 많은 사람과 일하고 싶지 않다. 오히려 믿을 수 있는 사람들과 오랫동안 즐겁게 일하기를 원한다. 나는 상대방과 일하면서 평생 함께 일할 사람인지, 한 번으로 끝날 사람인지를 판단하곤 한다. 예전에 강연시간을 확인하러 강연을 요청한 곳에 전화를 걸었을 때의 일이다. 그때 상대방은 이렇게 말했다. "죄송합니다. 안 그래도 연락하려던 참이었는데, 그 강연회가 취소되었습니다" 순간 나는 이렇게 생각했다. "이 사람은 무엇이 죄송한지 알고 있을까? 그것도 모르면 상당히 위험한 사람이다"

아마 그는 강연이 취소된 것에 대해 죄송하다고 말했을 것이다. 하지만 그의 결정적인 잘못은 강연이 취소된 것 자체가 아니라 그 사실을 전화가 걸려왔을 때 말해주었다는 사실이다. 만약 그 사람이 전혀 모르는 사람이었다면 나는 가볍게 미소를 지으면서 "그래요? 그러면 다음에 봅시다"라고 전화를 끊은 뒤 두 번 다시 일을 같이하지 않았을 것이다. 걸려온 전화에 대고 "아아, 그것은 취소되었습니다"라고 말하는 것이 얼마나 무례한 것인지를 인지하지 못하는 무감각, 다시 말해 그런 상황의 무게와 심각성을 인식하지 못하는 사람이라면 함께 일하기가 곤란하다.

시간은 모든 것을 밝혀준다

20대에 함께 일한 사람과는 평생 일할 가능성이 있다. 이것은 매우 중요한 인맥이다. 당신이 30~40대가 되면 분명히 어떤 직위로 올라가고, 사회적 신용도 쌓임과 동시에 회사에서의 입지도 구축하게 된다. 그때 만나는 사람보다는 말단사원 시절에 함께 일한 사람을 훨씬 더 믿을 수 있다. 사회적 신용이나 회사의 간판보다 자기라는 개인적인 인간을 높이 평가해준 사람이기 때문이다. 인생에서 성공하고 싶다면 그런 사람을 소중히 생각해야 한다.

20대에 함께 일한 사람과는 평생
일할 가능성이 있다. 이것은 매우
중요한 인맥이다

promition manager
Akihiro Nakatani

FOLLOW

RULE
53

신입사원 시절의 인맥은 금맥이 된다

오래된 벗의 가치를 재평가하라.
오래된 친구 앞에서는 바보가 돼도 괜찮다.

♥ 32,124 likes

Move Your Heart #75 Rules to become
#a Winner #with in 3 years #after coming around

54 | 개인 대 개인으로
일하라

나는 내 인생의 CEO다

어떤 문제가 발생했을 때, 회사를 핑계대면 쉽게 문제를 모면할 수 있다고 생각하는 사람은 회사 타이틀을 무기로 일하는 사람이다. 하지만 회사 뒤에 숨어서 일하는 사람은 한 명의 전문가로, 당당한 개인으로서 사회에 서기는 어렵다.

나는 회사에 다니던 시절에도, 그리고 회사를 그만둔 지금도 독립된 개인으로서 일하고 있다. 일을 진지하게 하는 사람은 회사라는 타이틀이 아니라 책임지는 개인으로 일하며 관계를 맺는다. 누구에게 의뢰를 받았는지, 누구와 함께 일할 것인지로 그 일을 맡을지 말지를 스스로 판단하고 결정한다.

상대방의 능력에 의문이 생기고 끝까지 책임감을 가져가지 않을 사람이라는 생각이 들면 나는 그 사람과는 두 번 다시 일하지 않는다. 그러나 상대방은 그런 사실을 눈치채지 못한다. "당신과는 두 번 다시 일하지 않겠다"라고 말해주지 않기 때문이다.

신용이라는 손익계산서

즉시 전화를 끊고 싶으면 내가 앞에서 말한 것처럼 '그럼, 다음에 봅시다'라고 말하면 된다. '당신과는 두 번 다시 일하지 않겠다'라고 말하면 그 이유를 설명하는 데 쓸데없는 시간을 낭비해야 한다. 그러면 '강연이 취소된 건 제 잘못이 아닙니다. 직접 만나 뵙고 사정을 설명해드리겠습니다'라면서 전화를 끊지 않거나 사과의 선물을 들고 찾아오기도 한다.

이제 그런 방식은 통하지 않는다. 시간만 낭비할 뿐이다. 더구나 조직에서 일하다 보면 본인의 책임뿐만 아니라 고지식한 상사 때문에 상도의를 지키지 못하는 경우도 있다. 그래도 '윗사람이 워낙 고지식해서요……'라고 변명하는 사람은 회사 대 회사의 일을 하고 있는 사람이다. 그런 말은 아무런 도움이 되지 않는다.

첫 번째 일은 누구든지 받아준다. 중요한 것은 지금 하고 있는 일이 다음 일의 신용을 만든다는 점이다.

자신과 회사에 대한 좋은 평판은
손익계산서에 표시되지 않는
가장 소중한 자산이다

RULE
54

성공은 제 발로 찾아오지 않는다, 나가서 찾아와야 한다

당신 스스로 꿈꾸지 않으면
누군가의 꿈을 이루기 위해 일해야 한다.

♥ 32,124 likes

Move Your Heart #75 Rules to become
#a Winner #with in 3 years #after coming around

55 | 다정함은 위험하다는 징조다

잔소리를 들었다면 늦은 게 아니다

약속된 강연이 일방적으로 취소되었다는 말을 들었을 때, 나는 잠시 고민에 빠졌다. 당시 담당자의 상사는 그가 일하는 방식이 뭔가 잘못되었다는 점도 전혀 인식하지 못하고 있는 것 같았다. 어쩌면 나 말고도 그런 일을 겪은 사람이 또 있을 것만 같았다.

어떤 일이 발생했을 때 자세히 들여다보면 그저 우연히 일어나는 경우는 드물다. 물의 표면에 보이는 빙산은 전체 크기에 비교하면 일부에 불과하듯 모든 사건에는 거대한 원인이 숨어있다. 그러므로 이미 몇 번이나 사고가 발생했지만, 상대방이 아주 무던한 사람이거나 인간적으로 자비로운 사람이라서 불평하지 않았던 것이다. 그 결과 문제가 있다는 것조차 감지하지 못한 채 묻히고 말았던 것이다. 그러나 그것은 그의 업무뿐만 아니라 인생 전체로 놓고보아도 마이너스로 작용한다.

나는 그때 내 시간을 쓰면서 그 친구가 무엇이 서투르게 처리하였는지 이야기해주었다. 이유는 두 가지였다. 하나는 지금까지 몇 번 일을 같이 해왔기 때문이고, 또 하나는 그 사람이 계속 이런 식으로 일한다면 성장하지 못할 거라는 생각이 들었기 때문이다. 그렇지 않았다면 "그래요? 그러면 다음에 봅시다"라고 말하고 관계를 정리하였을 것이다.

일반적으로 사람은 상대방과 관계를 끊으려 결정했을 때 애쓰지 않고 다정하게 말하는 방식을 사용한다. 연인관계에서도 마찬가지인데 상대방이 갑자기 다정하게 대하면 무언가 잘못됐다는 것을 감지해야 한다. 헤어질 결심을 하면 감정 낭비를 피하려고 상대방과 불필요한 마찰을 피하는 것과 같다. 그와 마찬가지로 비즈니스에서도 상대방이 불필요하게 잘 맞춰주고 있다면 의심하라. 그것으로 그 관계는 끝날지 모른다.

RULE
55

똑같은 실수를 반복하지 말라

작은 사업의 가장 큰 실수는
작은 사업이라는 생각 그 자체이다.
만족하는 고객이 최고의 마케팅 전략이다.

♥ **32,124 likes**

Move Your Heart #75 Rules to become
#a Winner #with in 3 years #after coming around

56 | 신용을 잃으면
모든 것을 잃는다

신속하게 인정, 발 빠르게 수습

일하다 보면 실수는 언제나 발생할 수 있다. 그리고 일단 실수가 발생하면 없었던 일로 되돌릴 수는 없다. 그렇다면 실수가 발생했을 때, 어떻게 사후처리를 해야 자신의 성장으로 연결할 수 있을까?

어떤 일을 공동으로 진행하다가 벽에 부닥쳤을 때는 서로 같은 목소리를 내며 대응해나가야 한다. 처음에 공동작업으로 시작됐던 프로젝트가 나중에 보면 혼자서만 하고 있는 경우가 있다. 우리 쪽은 일이 순조롭게 진행되고 있다고 생각했는데, 다른 쪽에서 "우리 경영진은 이미 그 일을 포기했습니다"라며 백기를 들고 나오는 경우다.

이런 경우가 가장 황당하고 맥 빠진다. 그쪽 경영진의 기류가 이상하다면 파트너 회사에 미리 연락을 주었어야 하지 않았을까? 그런 일이 발생한 경우 나는 그 사람과는 두 번 다시 일하지 않는 편이다. 자기 일에 자부심을 가지고 일을 하는 전문가들은 한 번 신용을 잃어버린 사람과는 다시는 같이 일하지 않는다. 설령 그 사람이 큰 회사로 옮기거나 독립했다 해도 말이다.

일의 성공과 실패, 일에 대한 의리와 배신은 회사가 아니라 개인에게로 돌아온다. 따라서 그 사람이 얼마나 무서운 행동을 했는지, 지금까지 다른 사람에게는 그런 행동을 하지 않았는지 이해하기 쉽게 설명해주는 것이 그 사람에 대한 최소한의 배려다. 그런 말을 들었다면 그는 자신의 행동을 돌아보고 어떻게 변화해야 할 것인지 생각해보아야 한다.

현장학습의 효과는 실패했을 때 더 크게 나타나는 법이다. 지금까지 일하면서 '그것은 당치도 않은 실수였어'라는 경험이 없는 사람은 아직 최선을 다해 일해보지 않은 사람이거나 그렇지 않으면 말도 안 되는 실수를 저질렀는데도 깨닫지 못하는 사람이거나 둘 중 하나다.

전문가들은 한 번 신용을
잃어버린 사람과는 다시는
같이 일하지 않는다

RULE
56

남의 이득을 챙기는 게 신용이다

숨기지 않는 것은 의심을 제거하고,
불신을 없애주며, 진실성과 신용을
창조하는 일이다.

♥ **32,124 likes**

Move Your Heart #75 Rules to become
#a Winner #with in 3 years #after coming around

57 | 고객은
고객으로서 프로다

연봉은 고객이 올리는 것이다

당신은 노하우$^{know-how}$를 제공하는 쪽이 상품을 파는 회사가 아니라 고객이라는 사실을 알고 있는가? 그것은 고객에게 물건을 팔고 돈을 받는 경우에도 다르지 않다. **회사를 성장시키는 것은 직원이나 경영자가 아니라 그 회사의 고객이다.** 회사는 제조와 판매에 있어 전문가일지 모르지만, 고객은 소비자로서 전문가이다. 모든 기업은 소비자의 필요와 취향을 끊임없이 연구하고 맞춰나가는 노력을 게을리해서는 안 된다. 그러므로 소비자의 의견은 미래의 기업의 생사를 좌우할 만큼 중요한 것이다.

그러므로 옷차림이 초라하거나 나이가 어려 보이는 고객이라도 무시해서는 안 된다. 한 사람의 호평好評이 얼마나 많은 미래의 인맥으로 이어질지는 아무도 모른다. 마찬가지로 나이가 어리다고 무시하거나 직함이 낮다고 상대하지 않으면 상대방과 서로에게 유익한 어떠한 교감도 나눌 수 없다.

끊임없이 질문하라

하나의 일에서 많은 것을 볼 수 있는 사람은 반드시 성장한다. 나는 열심히 공부하며 자신을 성장시키려는 태도를 가진 사람과는 진지하게 이야기를 나누는 편이다. 이런 사람들과는 때로는 냉혹한 평가도 주저 없이 나눈다. 이들은 자신을 끊임없이 돌아보며 올바로 나아가려는 노력을 멈추지 않는 사람들이기 때문이다.

그와 반대로 더는 성장 가능성이 보이지 않는 사람과는 수위가 높은 대화를 하지 않는 편이다. 오히려 부작용이 나기 때문이다. 감당할 수 없는 조언을 한들 쓸데없는 참견으로 치부되며 대화가 끝날 가능성이 높다.

누구나 주어진 재능과 능력이 다르다. 현재로 만족하는 사람에게 먼 미래를 전제로 이야기를 나눈다는 것은 무의미한 일이지 않겠는가?

promition manager
Akihiro Nakatani

RULE
57

고객은 늘 선생이다

가장 불평이 많은 고객이
가장 배울 게 많은 고객이다.
인생에 가장 큰 프로젝트는 당신 자신이다.

♥ 32,124 likes

Move Your Heart #75 Rules to become
#a Winner #with in 3 years #after coming around

58 | 후배를 가르쳐보라

줄수록 많아지는 것

이 책을 읽고 있는 분 중에 자기 밑으로 신입사원이 들어왔거나 신입사원을 연수하는 사람이 있을지 모른다. 가르치는 사람과 배우는 사람이 있을 때, 어느 쪽이 더 많은 공부가 될까? 바로 가르치는 사람이다.

회사에 들어가 처음 일을 배울 때는 아무것도 머리에 들어오지 않는다. 아마 누군가를 가르쳐본 경험이 있는 사람은 이 말을 쉽게 이해할 것이다. 이것은 직장에서도 마찬가지다. 자신이 배우는 입장에 있을 때는 일에 대해 쉽게 이해할 수 없다. 가르치는 입장이 되어야 비로소 '아하, 그렇구나!'라고 여러 가지를 이해할 수 있게 된다.

그렇다면 어떻게 상대방이 이해하도록 전달할 수 있을까? 이 사람은 왜 이해하지 못할까? 이 사람은 어느 부분에서 어려움을 느끼고 있는 걸까? 가르치는 입장에 있으면 이런 점들을 진지하게 생각하지 않을 수 없다. 때로는 '왜 이렇게 당연한 걸 모를까?'라는 고민에 빠지기도 한다.

　그런 와중에 사실은 '당연한 것'이 가장 중요하고, 그 '당연한 것'을 잊고 사는 사람이 바로 자기 자신이라는 사실을 깨닫게 된다. 후배가 사고를 일으켰을 때, 그 후배와 이야기를 하다 보면 자신도 돌아보게 되는 것과 마찬가지다.
　"나도 그런 실수를 저지르고 있지 않았는가?"
　"앞으로 내가 조심해야 할 부분은 어떤 것일까?"
　그리고 후배가 쉽게 이해하도록 설명하려면 어떻게 말해야 좋을지 머릿속으로 열심히 생각하면서 이야기를 해야 한다. 후배의 반응을 보면서 어떤 것은 통하고, 어떤 것은 통하지 않았는지 감지하면서 이야기를 진행하는 것이다. 그러므로 가장 좋은 공부는 남에게 가치 있는 것을 가르쳐줄 때 하게 된다.

promotion manager
Akihiro Nakatani

FOLLOW ⋮

RULE
58

한 사람이 가르치면 두 사람이 배운다

누군가를 가르칠 때 가장 많이 배운다.
배움이란 빼앗길 수 없는 자산이다.
배울 수 있는 사람은 가르칠 수도 있다.

♥ 32,124 likes

Move Your Heart #75 Rules to become
#a Winner #with in 3 years #after coming around

59 | 상사는 가르침을 베푸는 고마운 스승이다

살아남은 자의 이유

회사에서 빨리 성장하려면 멘토의 노하우를 빨리 내 것으로 만들 필요가 있다. 따라서 회사에 입사한 순간부터 상사는 '스승' 나는 '제자'라고 생각해야 한다. 상사라고 생각하기 때문에 야단을 맞으면 화가 치미는 것이다.

오히려 회사 안에서 상사를 볼 때마다 '사람은 내게 가르침을 베풀어주는 고마운 스승이다, 나는 이 스승에게서 어떤 노하우를 얻어낼까?'라는 마음가짐으로 배우려 해야 한다. 다행히 신입사원 시절에는 혼자 일하는 시간보다 선배들과 같이 일하는 시간이 많이 주어진다. 그때 여러 명의 상사를 접하면서 그들이 고객에게 어떻게 대하고 어떻게 난관을 헤쳐가는지 잘 보아두어야 한다.

내가 좋아하던 한 선배는 나와 아무런 관계도 없는 거래처와의 회의에 항상 나를 데려가 주었다. 그러면서 내게 이렇게 말했다.

"거래처가 어떤 트집을 잡는지, 그것에 대해 내가 어떻게 대처하는지 잘 봐두게."

그 경험은 나의 비즈니스 인생에 큰 도움이 되었다. 일하다가 어떤 거래처와 문제가 발생했을 때 '그 선배였다면 어떻게 대처했을까?', '그 상사라면 이렇게 되받아쳤을까?', '그분이라면 재치 있는 유머로 어떻게 분위기를 바꾸셨을까?'라는 질문을 떠올리며 생각을 정리하게 된다.

상사는 어쩌면 비즈니스라는 전쟁터에서 살아남은 베테랑*veteran*이다. 아수라장 같은 현장에서 끝까지 살아남아 승리하기 위해서는 그의 전략과 전술을 빨리 익히는 것이 필요하다.

물론 선배의 모든 생각과 행동을 배우라는 것은 아니다. 분명히 시대에 뒤떨어진 부분도 없지 않을 것이며 반면교사反面教師로 삼아야 할 부분도 있을 것이다. 하지만 이 모든 정보는 나만의 전략을 짜고 전술을 완성하는 데 도움이 될 것이며 당신의 성공을 앞당기게 만들어 줄 것이다.

RULE
59

상사의 생존전략을 익혀라

성장하려면 앞으로 나아가고
안전하려면 뒤로 물러서라.
삶은 끝없는 가르침이다. 끝까지 배우라.

60 | 효율주의 사고방식에서
벗어나라

지름길이 늘 빠른 건 아니다

똑같은 경험을 하더라도 그것을 통해 얼마나 많은 것을 배울 수 있는지는 개인에 따라 큰 차이가 있다. 입사 동기라 하더라도 한 3년쯤 지나면 격차가 나기 시작하며 그 틈은 점점 더 벌어지게 된다. 구태여 입으로 말하지 않아도 상사는 이미 모든 걸 간파하고 있다. 중요한 것은 상사가 어떤 일을 하라고 지시했을 때, 그 일을 통해 무엇을 이루어내는가 하는 것이다. 단지 그 일을 끝냈다는 사실이 전부가 되어서는 안 된다. 목표를 더 높은 곳에 두어야 한다.

이렇게 질문해 보면 도움이 될 것이다.

'나는 그 일을 해냄으로써 무엇을 배웠는가?'

'그 일을 혼자 해내기 위해서는 무엇을 발전시켜야 하는가?'

이번 달 월급을 받았으니 됐다는 생각을 하는 사람들은 성장에 가치를 두지 않고 늘 모면하는 삶을 살게 된다. 그런 사람들은 시간이 지나면서 능력에 있어 더는 발전하지 않기에 회사에서 자신의 자리도 잃게 되는 경우가 많다. 일을 통해 더 가치 있는 것, 즉시 돈으로 환산할 수 없더라도 미래의 가치를 얻으려 노력해야 한다.

현재 속에 미래가 있다

사람들은 월급을 받기 위해 '내가 한 일을 통해 당장 회사가 얼마나 이득을 보았는가?'에 관심이 많다. 자신의 회사 내의 존재 가치가 거기에 있다고 믿기 때문이다. 하지만 장기적으로 봐서는 **회사에 정말 필요한 사람은 회사의 미래가치를 높여줄 수 있는 사람이다. 직원이 성장하지 않고 미래를 준비하지 않는 회사는 급변하는 시대에 미래를 담보하지 못한다.** 사실 회사 차원에서도 당신이 더 높은 목표를 가지고 성장하는 것이 필요하다.

그러므로 회사생활을 하는 동안에는 되도록 손익을 따져보며 일을 해야 한다. 물론 여기서 말하는 손익이란 단지 월급과 비용이 아니라 '경험과 노하우를 융합해 미래가치를 얼마나 생산하는가?'이다. 현재의 효율을 생각한다는 것은 단기 수익만을 늘리는 발상이며, 경험과 노하우를 축적하여 미래를 준비하는 것을 소홀하게 만드는 태도이기도 하다.

회사에 정말 필요한 사람은 회사의 미래가치를
높여줄 수 있는 사람이다

RULE
60

여우같은 곰이 되라

효율성이란 지능적인 나태함이다.
성장한다는 것은 변화한다는 것이며,
온전함은 부지런히 변신한 결과이다.

♥ 32,124 likes

Move Your Heart #75 Rules to become
#a Winner #with in 3 years #after coming around

61 | 대가代價는 투자시간에 비례한다

로또에 자격증은 필요 없다

요즘 젊은이들 사이에서 '스펙 쌓기'의 하나로 자격증을 취득하는 것이 유행하고 있다. 바람직한 현상이라 말할 수 있다. '지금 자격증을 따야 할지 말아야 할지 고민하고 있어요'라고 말하는 것보다 '지금 자격증을 따기 위해 학원에 다니며 노력하고 있습니다'라고 말하는 것이 당연히 유리하다. 그렇다면 이미 자격증을 취득한 사람이 더 빠르다는 것은 말할 것이 없다.

그런데 '자격증만 취득하면 어떻게 되겠지'라는 안이한 생각을 하고 있어서는 안 된다. 3개월 만에 취득할 수 있는 자격증은 어차피 그 정도의 가치밖에 없다. 그렇게 딴 자격증이 평생 안정적인 직장을 보장해줄 만큼 세상은 그렇게 만만치가 않다.

자격증은 그것에 들인 시간과 노력만큼 대가가 돌아온다. 그렇다면 기왕에 공부할 거 자원이 더 소요되더라도 부가가치가 높은 분야에 도전해 보는 것은 어떨까?

시간과 노력은 덜 들이고 빨리 안정을 이룰 수 있는 자격증이 어디 없을까 찾고 있다면 그런 생각을 버리는 편이 좋다. 그것은 로또에서나 가능하지 현실에서는 가능성이 매우 낮기 때문이다. 차라리 정직한 땀에 몰빵하는 것이 인생역전의 가능성을 높이는 일이다. 되풀이하자면 정직한 땀은 배신하지 않는다.

아무리 어려운 도전이라도 그 일에 경험이 더해지고 그로 인해 자신감이 생기면 도전 자체로도 의미가 있기 때문에 사람들은 눈앞의 대가만을 바라지 않게 된다. 보상이 큰 만큼 오랜 시간과 노력이 필요하다. 그리고 그런 일은 뼈를 깎는 인내가 필요하다. 올림픽에서 금메달을 목에 거는 선수의 수는 적지만 한 선수가 여러 개의 금메달을 따는 경우는 종종 있다. 자신의 분야에서 도전하고 성공하는 방법을 터득했기 때문이다.

불행하게도 로또에 당첨되고도 실망스러운 삶을 사는 이들이 많다. 하지만 노력하고 성취하는 삶은 결코 실망스러울 수 없다. 더 큰 목표를 설정하고 도전하길 바란다.

보상이 큰 일은
오랜 시간과 노력이
필요하다

RULE
61

더 먼저 시작하고 더 높이 날아라

성장은 오로지 지속적인 노력과 도전의 결과다.
두 배를 얻으려면 세 배로 노력하라.
네가 준 만큼 얻는 것이다.

♥ 32,124 likes

Move Your Heart #75 Rules to become
#a Winner #with in 3 years #after coming around

62 | 대가가 없는 일에도 최선을 다하라

하늘이 빚지게 하라

일을 하다 보면 무작정 조언을 구하러 오는 후배들이 가끔 있다.

사실 그것만큼 시간을 잡아먹는 일이 없다. 하지만 나는 찾아오는 후배를 시간을 핑계로 돌려보낸 일이 없다. 이것저것 따지기 전에 항상 따뜻하게 대해주려고 노력한다. 그럼에도 불구하고 나의 정성에 무례함으로 보답하는 후배도 있다. 회사생활에 대해 열심히 조언해 주었는데 고맙다는 말 한마디 없이 돌아가는 경우도 있다.

하지만 그것도 어쩔 수 없는 일이다라고 생각하고 넘어간다. 나는 내게 주어진 모든 일에 최선을 다하면 언젠가는 그 유익이 돌아온다고 생각하기 때문이다. 일부러 시간을 내서 찾아온 사람을 위해 봉사했는데, 아무런 대가가 없으면 손해를 보았다는 생각이 들기도 한다. 그러나 이 부분을 마이너스로 계산하고 헛수고를 했다고 푸념할 필요는 없다. 남을 위해 봉사한 시간과 노력이 우리를 배신하는 경우는 없다. 마이너스 부분은 돌고 돌아서 어디서인가 결국 나에게 플러스가 되는 게 세상의 섭리다.

그런데 대부분의 사람은 그런 사실을 믿기 어려워한다. 믿지 않기 때문에 손해를 본다고 생각하고, 손해 보지 않으려는 태도 때문에 점점 인색해진다. 결국 '이렇게 쓸데없는 일은 하지 않는 편이 낫겠다'라는 생각을 하게 될 수 있다.

하지만 이것은 매우 위험한 생각이다. 누군가를 위해 진정한 마음으로 친절을 베풀었다면 그것이 나중에 이자까지 붙어 관대하게 돌아올 것이라는 점을 안다면 말이다. 이것은 마치 하늘에 적금을 들어둔 것이라 생각하는 것이 옳을 것이다.

누구나 자신이 뿌린 모든 행동의 열매는 그것이 좋은 것이든 나쁜 것이든 반드시 자신에게 돌아오게 되어 있다. 그 이치는 비즈니스 사회에서도 그대로 적용된다.

남을 위해 봉사한 시간과 노력이
우리를 배신하는 경우는 없다

promotion manager
Akihiro Nakatani

FOLLOW

⋮

RULE
62

인색할 것인가? 관대할 것인가?

내가 행한 선은 반드시 이자利子가 붙어 돌아온다.
근시안적 손익에 빠르면 큰일을 이룰 수 없다.
사람을 돕는 것이 바로 나를 돕는 것이다.

♥ 32,124 likes

Move Your Heart #75 Rules to become
#a Winner #with in 3 years #after coming around

63 | 상사에게 공을 돌려라

내일의 주인공은 '나야 나'

"저에게 일을 맡겨주십시오!"

이렇게 사정한다고 해서 일이 주어지지는 않는다. 사소한 일에도 불평하지 않고 열심히 일하면 그 결과 일을 맡게 된다. 그러나 자신이 열심히 노력해서 실적을 쌓았더라도 조직사회에서는 그 공功이 상사에게 돌아가게 된다. 그러면 누구나 발끈하게 마련이다.

"그 일은 내가 했는데 왜 상사의 실적이 되는 거지?"

물론 이럴 때 기분이 매우 상할 수 있다. 물론 혁신적이고 유연한 회사라면 자신의 공을 즉시 인정받을 수 있을지 모른다. 하지만 대부분 회사에서는 자신의 실적이 곧 상사의 실적이 되는 경우가 많다.

그렇다면 우리는 왜 우리의 실적이 상사의 공으로 돌아가는 것에 마음을 두지 말아야 할까?

오발탄 쏘지 마라!

엄밀히 말하면 상사란 부하 직원들의 역량을 끌어내어 성과를 이뤄내는 소임을 수행하는 것이다. 그러므로 나의 업무적 성공 또한 상사가 자신의 역할에 성공적이었다는 것을 말해주는 것일 수 있다. 그러므로 내가 힘써 한 일의 공을 상사에게 돌리고, 상사의 성공을 돕는 것은 매우 현명한 전략이다.

전쟁에서 이기려면 적과 싸우기 전에 함께 싸워야 할 아군의 마음을 먼저 얻어야 한다. 지휘관과 다투는 병사가 전투에서 승리하기는 어렵다. 그러므로 상사와 공을 다투지 마라. 오히려 상사에게 공을 돌리고 그를 빛나게 해줘라.

그러면 그 상사는 자기에게 공을 돌리는 당신에게 더 큰 책임이 필요한 소임을 줄 것이다. 그리고 그 일이 성공하도록 가장 큰 지원군이 될 것이다. 이것이 상사와 내가 모두 이기는 싸움을 하는 것이다.

promotion manager
Akihiro Nakatani

[FOLLOW]

RULE
63

상사를 빛나게 해줘라

상사에게 제일 중요한 직원이 되라.
대우待遇를 받지 말고 인정認定을 받아라.
함께 싸워줄 상사를 얻어라.

♥ 32,124 likes

Move Your Heart #75 Rules to become
#a Winner #with in 3 years #after coming around

251

64 | 작은 일은 큰일의 씨앗이다

산수를 못해야 수확한다

'플러스·마이너스'의 법칙으로 보면 자신에게 이득이 되는 것이 플러스다. 그러나 그 플러스의 열매를 너무 빨리 수확하려 해서는 안 된다.

처음 거래에서는 손익계산서가 마이너스라도 상관없다. 이익이 지나치게 많이 발생하면 동시에 균형을 맞추는 방법을 생각해야 한다. 만일 이쪽에 적자가 났다는 것은 상대에게는 이익이 났다는 것이다. 즉 이익을 많이 취했다면 상대방에게도 이익이 돌아가는 방법을 찾음으로써 손익계산을 맞춰주는 것이다. 그러면 서로 등 돌릴 일이 없다.

장기적으로는 단기 수익을 내는 것보다 제품이나 서비스가 시장에 확고히 자리를 잡게 하는 것이 더 큰 이익이다. 그리고 직장생활에서 가장 보람 있는 것은 큰일을 맡아 큰 성공을 거두어 비즈니스 인생의 대표작을 만드는 것이다.

대표작을 만들려면 작은 승리에서 수확하려고 해서는 안 된다. 하지만 작은 일을 착실하게 성공시키는 것도 일에 대한 성취감을 느끼는 데에는 빼놓을 수 없는 부분이다.

당신은 대표작이 있는가?

회사에서 어느 날 갑자기 큰일을 맡기는 경우는 절대로 없다. 일이 작다고 거절하지 말고, 작은 일을 크게 키운다는 생각을 가져야 한다. 작은 일은 큰일의 씨앗이다. 씨앗을 심어 시간이 지나면 넘치도록 많은 양의 수확이 가능한 것처럼 작은 일은 심어 키운 뒤에 맛있는 열매를 따서 먹는다는 느긋한 마음을 가져보면 어떨까?

처음 시작한 일에서 플러스를 내서는 안 된다. 일[1]의 노력으로 끝낼 수 있는 일에는 세 배의 에너지를 투입해야 한다. 세 배의 에너지를 투입하면 마이너스 2가 된다. 이 마이너스 2가 멋진 씨앗이 되어 미래의 플러스를 만들어 줄 것이다.

RULE
64

작은 수확에 연연하지 말라

작은 가슴으로는 큰 꿈을 담을 수 없다.
눈앞에 집중하면 큰 그림을 볼 수 없다.
장사꾼보다는 사업가가 되어라.

♥ 32,124 likes

Move Your Heart #75 Rules to become
#a Winner #with in 3 years #after coming around

65 | 사고는 항상 일어나게 되어 있다

함몰되지 마라, 솟구쳐 오를 때다

전화를 받을 때 가장 곤란한 상황은 갑자기 "큰일 났습니다!"라는 말이 귓속으로 달려드는 것이다. 그런 말을 들으면 누구라도 오금이 저릴 수밖에 없다. 하지만 어떤 문제가 발생했다 해도 사무실 분위기마저 가라앉게 할 필요는 없다. 돌발 상황에서도 흔들리지 않는 강한 사람만이 자신의 인생을 성공으로 이끌어갈 힘이 있기 때문이다.

사고란 언제 어디서든 일어나게 마련이다. 그러므로 아수라장을 빠져나가 적절한 대책을 마련하면 된다. 중요한 경기에서 점수를 빼앗겨도 마음의 여유를 가지고 '잃어버린 점수는 회복하면 돼!'라며 담대하게 경기를 뒤집을 수 있다. 따라서 "큰일 났습니다!"라고 어두운 표정으로 보고

하지 말고 '이런 문제가 발생했습니다. 이 문제는 이렇게 극복하는 게 어떨까요?'라는 식으로 해결책까지 보고할 수 있어야 한다.

야단을 맞을 때도 마찬가지다. 상사가 잘못을 지적할 때 세상이 무너진 듯 어두운 표정으로 고개를 떨구는 사람이 있다. 그러면 마치 일의 숙련도를 높이려는 상사의 노력이 자칫 사람을 괴롭히는 것처럼 보여 상사도 더는 야단칠 수 없게 된다. 그래서 회사에 들어가면 야단을 맞는 데도 능란^{能爛}해져야 한다.

꼬리가 길면 밟힐 뿐

아무리 심하게 야단을 맞아도 꼬리를 길게 끌지 않도록 하자. 다음날 만났을 때, 어제 일을 마음에 담고 그늘진 표정으로 사람에게 부담을 주는 모습은 발전적인 태도가 아니다. 야단을 쳤다고 당신의 인격을 무시한 것은 아니지 않은가?

그늘진 얼굴은 자칫 상대방으로부터 거리를 두게 만들 수 있다. 그리고 야단을 치지 않는 대신 이제는 일도 같이하려 들지 않는다. 그러면 그 사람으로부터 터득할 수 있었던 수많은 노하우들을 배울 수 없게 되고, 자신의 성장도 그만큼 느려질 수 있다.

흔들리지 않는 강한 사람만이 자신의
인생을 성공으로 이끌어 간다

promition manager
Akihiro Nakatani

FOLLOW

⋮

RULE
65

평정심^{平靜心}을 지키라

모든 위대함은 집중력과 평정심의 결과다.
돌발 상황이 문제가 아니다,
반응^{反應}이 문제다.

♥ 32,124 likes

Move Your Heart #75 Rules to become
#a Winner #with in 3 years #after coming around

66 | 눈에 보이지 않는 행동을 중시하라

가방이냐, 택시냐? 배려는 예측이다

회사생활을 잘하는 요건 중에 상대방에 대한 '배려'를 빼놓을 수 없다. 배려가 많은 사람은 조직생활을 잘하고, 고객를 상대로 영업활동도 잘한다. 훌륭한 영업사원들 가운데 인간에 대한 배려가 탁월한 사람들을 찾아보는 것은 어려운 일이 아니다. 하지만 사람들은 대개 '진정한 배려'가 무엇인지 잘 모르는 것 같다.

예를 들어 거래처 담당자를 배웅할 때 '가방을 들어드리지요'라고 그 사람의 가방을 들어주는 사람이 있다고 하자. 내가 볼 때 이것은 진정한 배려가 아니라고 생각한다. 진정한 배려가 되려면 먼저 나가서 그 사람을 위해 택시를 잡아주는 수고를 마다하지 않는 섬세함이 필요하다. 달리 표현하면 현 시점만 보지 않고 다음 순간에 일어날 상황을 미리 예측해 움직일 정도의 기민함과 상대방을 향한 집중이 필요하다. 이런 행동이야말로 상대방에게 진정한 관심을 가지고 세심하게 챙기려는 마음을 가진 사람만이 할 수 있는 일이다. 겉으로만 생색을 내려는 행동보다 나에게 진정한 관심이 느껴질 때 고객은 감동하게 되어 있다.

시력과 청력을 잃었던 헬렌 켈러*Helen Keller*는 세상에서 가장 아름다운, 최고의 것들은 보이지도 심지어 만질 수도 없는 것이라 했다. 가슴 속 깊은 곳에서만 느낄 수 있는 것이기 때문이다. 냉혹한 기업인의 세계에 가슴으로 느껴지는 따뜻한 배려를 나눌 수 있다면 그것이야말로 우리 삶에 희망과 기쁨을 주는 성공적인 업적일 것이다.

깊이 관찰하고 상대방의 필요에 깨어있다면 우리는 보이지 않는 필요를 감지하고 진정한 배려를 베풀 수 있다. 이러한 태도는 우리가 직장에서 성공할 수 있는 커다란 장점이 될 것이다.

promition manager
Akihiro Nakatani

FOLLOW

⋮

RULE
66

마음을 키워야 사업도 커진다

진심으로 배려하면 진정한 배려를 받는다.
애정이 있으면 침묵의 소리도 들린다.
눈보다 마음이 먼저 보도록 하라.

♥ 32,124 likes

Move Your Heart #75 Rules to become
#a Winner #with in 3 years #after coming around

67 | 차 한잔에도 비즈니스의 성패가 담겨 있다

타이밍에는 매뉴얼이 없다

요즘의 신입사원들은 손님에게 차를 내는 일에 대해 부정적인 생각을 가지고 있는 것 같다. 그러나 그것은 깊이 있는 행위이며, 대단히 어려운 작업이기도 하다.

중요한 비즈니스가 벌어지는 자리에 차를 내놓을 때 무엇보다 중요한 것은 '타이밍'이다. 적절하지 못한 순간에 차를 내놓으면 모처럼 마무리가 되던 이야기의 맥이 끊길 수도 있기 때문이다. 그런 원리를 활용하여 상대방의 이야기를 중단시키려고 일부러 차를 내야 하는 경우도 있다. 차를 내놓을 때는 그런 타이밍을 알고 행동하는 것이 일의 성패를 좌우하기도 한다.

상사가 손님과 같이 있을 때 전화를 연결해야 하는지 연결하면 안 되는지, 메모를 전해줘야 하는지 전해주면 안 되는지를 구별해야 한다. 손님을 돌려보내야 할 때, 메모를 전해주면 상사가 '급히 연락할 데가 있어서요……'라고 말하며 자리에서 일어설 수 있다. 그것은 상사의 부탁을 받고 하는 일이 아니다. 그럴 때 재치 있게 행동하는 것이 '비즈니스맨의 배려'라 할 수 있다.

비즈니스에 촉이 안 좋은 사람은 그런 세심한 배려를 할 수 없다. 상사가 손님과 좀 더 이야기하고 싶어 하는지, 손님을 돌려보내고 싶어 하는지 감지할 수 없기 때문이다. 차를 내주거나 메모를 전해주는 타이밍을 보면 그 사람이 얼마나 일에 집중하고 감각을 열고 최선을 다하는지 알 수 있다. 결국, 그것은 그가 이 분야에서 계속 성장할지, 멈출지를 판단하는 근거가 될 수도 있다.

'비즈니스맨의 배려'는 매뉴얼로 만들 수 없다. 그것은 감각이며 경험이므로 실패를 거듭하면서 익히는 수밖에 없다.

RULE
67

차 한잔에도 치열함이 있다

타이밍이 모든 것이다.
때로는 영원^{永遠}보다 긴 순간도 있다.
집중력이 경쟁력이다.

♥ 32,124 likes

Move Your Heart #75 Rules to become
#a Winner #with in 3 years #after coming around

264

68 | 창피를 당한
사람만이 성장한다

당당한 부끄러움

요즘 젊은이들은 창피함을 느낄 기회가 점점 줄어들고 있다.
창피함을 느낀다는 것은 자신의 실력보다 훨씬 높은 목표에 도전했다는
증거다. 자신의 한계보다 더 높은 목표에 도전하지 않으면 자신의 부끄러
운 모습을 보일 일이 없고 안전하게 지낼 수 있다.

하지만 무엇인가 가치있는 것을 배우려면 먼저 자신의 부족함을 인정
할 필요가 있다. 그리고 그것이 언제든 드러날 수 있는 위험한 상황에 자
신을 던져야 한다. 그러므로 지금까지 정말 창피해서 얼굴은 불덩어리가
되고 쥐구멍이 있다면 기어들어 가고 싶었던 기억이 없다면 자신을 뛰어
넘는 커다란 목표에 도전해보지 않았다는 의미이다. **직장인으로 성장하**

려면 큰 목표에 도전해서 계속 넘어지며 시행착오도 겪어야 한다. 사람은 배우고 깨닫는 과정에서 '나는 왜 이런 것도 지금까지 몰랐을까?'라는 자괴감과 함께 그것을 넘어서려는 진정한 힘도 느끼게 된다. 이러한 경험이 쌓이면서 우리는 새로운 것에 눈을 뜨고 계속해서 성장하는 즐거움을 알게 된다.

사실 직장인에게 가장 무서운 일은 어쩌면 부끄러움을 모른다는 사실이다. 여전히 제자리에 머무르고 선배나 상사로서 역할을 못해 주변 사람들에게 민폐를 끼치고 있다는 사실을 인식하지 못하는 것이다. 지금 몹시 수치스러운 행동을 하고 있는데도, 그것이 창피스러운 일임을 알아차리지 못한다면 그 사람은 공동체에 누가 되거나 일원이 될 자격이 없는 사람이다. 진짜 부끄러움을 감지하는 감수성이 없어져 버리면 더이상 올바른 사회인으로 성장하지 못하게 된다.

promition manager
Akihiro Nakatani

FOLLOW

RULE
68

잔잔한 바다는 숙련된 선원을
키워내지 못한다

도전을 만나면 찾아야 하는 것은
출구가 아니라 돌파구다.

♥ 32,124 likes

Move Your Heart #75 Rules to become
#a Winner #with in 3 years #after coming around

69 | 중요한 것은
흐름이다

눈을 10개 달라

"그 건에 대해서는 잘 모르겠습니다."

이렇게 말하는 사람 중에는 완벽주의자가 많다. 그런데 완벽주의에서 벗어나지 못하면 성장이 정체될 수 있다.

예를 들어 A, B, C의 일을 맡았을 때, 세 가지 일을 모두 끝낸 뒤에 연락하는 사람은 완벽주의에 빠져 있을 가능성이 높다. 그러나 만일 한 가지라도 끝났다면 "A는 끝냈습니다. B는 지금 하고 있는데요. C는 난관에 부딪혀 어떻게 해야 할지 모르겠습니다"라는 식으로 중간보고를 하는 것이 좋다고 나는 생각한다.

그런데 전부 끝내고 나서 보고하려 들기 때문에 상사 입장에서는 일이 어떻게 진행되는지 몰라 걱정하는 심정으로 기다리게 된다. 일찌감치 끝난 일은 미리 보고하고, 시간이 더 걸리는 일은 하고 나서 천천히 보고해도 되지 않겠는가.

업무 운전자론

업무에는 병렬로 일하는 부분과 직렬로 일하는 부분이 있다. 직렬로 일하는 부분에서 자기가 멈추면 함께 일하는 다른 사람들은 모두 대기 상태로 있어야 한다. 지금 자신은 전체 가운데 어느 부분을 하고 있는지, 항상 전체의 흐름 속에서 생각해야 한다.

일본 최고의 레이서 나카지마 사토루*Satoru Nakajima*는 운전을 할 때는 앞쪽뿐만 아니라 뒤쪽과 동시에 좌우까지 전부 보아야 한다고 말했다. 그러나 실제로 그렇게 하는 운전자는 거의 없다. 사람들의 시선은 대부분 앞쪽에 고정되어 있어 앞은 의식하지 않아도 쉽게 볼 수 있는 반면 보기 힘든 곳은 좌우와 뒤쪽이다.

일할 때도 마찬가지다. 지금 자신이 일하고 있는 부분이 어디인지, 드론*drone*으로 내려다보는 것처럼 한눈에 파악할 수 있어야 한다. 그래야 세 가지 일을 맡았을 때 A는 이미 끝냈고, B는 진행 중이며, C는 난관에 부딪혀 있다고 단숨에 파악할 수 있다. 그렇게 되면 지금 보고해야 할 것인지 나중에 보고해야 되는 것인지 쉽게 보이지 않겠는가.

전체 일의 흐름에 있어서
지금 자신이 일하고 있는 부분을
드론으로 내려다보는 것처럼
한눈에 파악할 수 있어야 한다

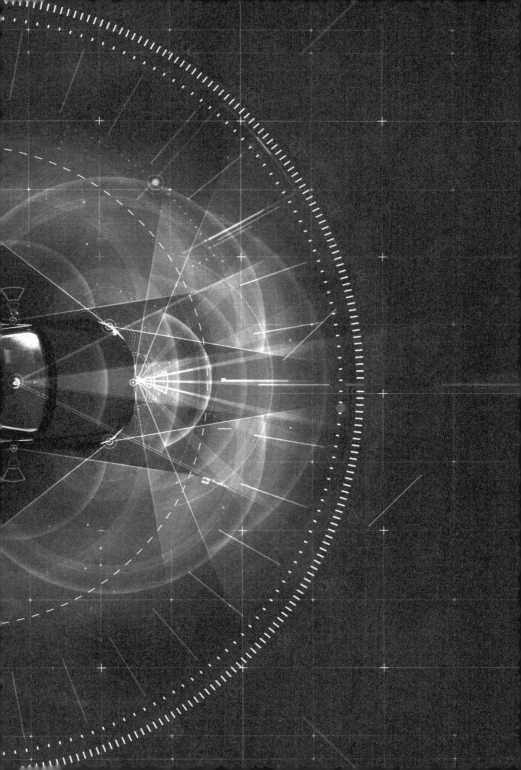

RULE
69

항상 전체의 흐름을 파악하라

전체를 보는 능력이 있어야 멀티플레이어다.
앞만 보지 말고 옆과 뒤를 살피라.
전략과 전술은 높이에서 생긴다.

♥ 32,124 likes

Move Your Heart #75 Rules to become
#a Winner #with in 3 years #after coming around

70 │ 위험을
미리 예측하라

사고思考가 사고事故가 될 때

아무리 사소한 일이라도 처음부터 끝까지 모두 경험해보는 것은 매우
중요하다. 회사생활에서 기획회의企劃會議만큼 즐거운 일은 없다. 회의실
에서 사람들과 머리를 맞대고 이런 일을 해보면 얼마나 좋을까, 저런 일
을 할 수 있으면 얼마나 좋을까라고 기획을 하는 것은 매우 즐거운 작업
이다. 그러나 그것보다 더 중요한 것은 기획을 실행하는 일이다.

많은 사람이 기획 업무에 대해 오해하는 것 중에 하나가 책상에 앉아
책을 읽고 잡지를 보며 아이디어를 짜내는 일이라 생각한다. 그러나 그것
은 좁은 관점에서 보는 것이다. 기획자企劃者는 처음에 계획을 세우고 그 계
획의 마지막을 책임지는 사람이다.

일을 하다 보면 사고가 발생하기 마련인데 사고가 발생했을 때, 마지막까지 책임을 질 수 있는 사람만이 훌륭한 기획을 할 수 있다. 기획안만 떡하니 내놓고 '기획안을 제출했으니 나는 내 할 일을 다 했다'고 착각하는 사람은 일하는 도중에 일어날 위험을 예측하고 방어할 수 없다.

진정한 기획자는 문제가 발생했을 때 같이 진흙탕에 빠지기도 한다. 그래야만 비로소 일하면서 발생하는 다양한 문제들을 온몸으로 실감할 수 있다. 그 경험이 다음 기획에 '이 일에는 이런 위험요소가 숨어 있다. 이 일을 하다 보면 이런 사고가 발생할 수도 있다'라는 예측을 하게 도와주고 따라서 더 좋은 기획안을 낼 가능성을 높여준다.

RULE
70

끝까지 책임지는 것이 프로다

위대함의 대가^{代價}는 책임이다.
자유는 그만큼의 책임을 요구한다.
책임은 방법을 찾고 무책임은 핑계를 만든다.

♥ 32,124 likes

Move Your Heart #75 Rules to become
#a Winner #with in 3 years #after coming around

71 | 클레임은
커뮤니케이션이다

무서운 것은 악플이 아니다, 무플이다

고객으로부터 클레임claim을 많이 받는다고 당신이 일을 제대로 못한다고 생각할 필요는 없다. 일을 많이 하면 할수록 클레임의 횟수는 늘어날 수밖에 없다. 클레임이 늘어나지 않았다면, 오히려 그것이 제대로 일하지 않았다는 뜻이다.

클레임을 제로로 만드는 방법은 실은 아주 간단하다. 처음부터 일을 하지 않으면 된다. 그러나 상사와 거래처, 고객으로부터 제기되는 클레임을 제로로 만들어서는 안 된다. 그것은 아예 일을 하지 않겠다는 것이나 마찬가지니까 말이다.

사람들은 클레임이란 단어의 뜻을 착각하고 있다. 클레임은 불만을 제기하는 게 아니라 "이런 문제가 있으니까 빨리 조치를 취해주십시오"
라는 제안이자 요청이다. 그런 클레임에 대해 적절한 조치를 취하지 않으
면 불만으로 이어진다. 따라서 클레임 자체는 그렇게 큰 문제가 아니다.
아직 '플러스·마이너스·제로'의 상태로, 고객의 불만으로 이어져야 비로
소 마이너스가 되는 것이다.

고객의 클레임에는 전혀 악의가 없다. 클레임은 고객이 상대에게 제기
하는 커뮤니케이션의 한 방편일 뿐이다. 사람들은 '클레임'이란 단어를
들으면 왠지 얼굴을 찡그리지만, '상대가 원하는 요구' 정도로 가볍게 받
아들이면 된다. 상대의 요청이 있을 때 어떻게 대처해야 하는지 시행착오
를 통해 배우고, 되도록 불만으로 이어지지 않도록 해야 한다.

나의 스승은 '클레임의 마왕'이라는 별명을 가지고 있었다. 때문에 나
는 매일 클레임에 시달려야 했다. 그때 나는 같은 스승 밑에서 배운 선배
들에게 어떻게 해야 할지를 물어보면서 클레임을 하나씩 해결해갔다. 그
것이 회사 안에서 나만의 일을 차지하기 위한 하나의 방법이었던 것이다.

RULE
71

클레임을 통해 배우라

큰일도 작게 나누어 하면 어렵지 않다.
바쁜척 말고 '생산적'이 되라.
긍정의 순간이 하루를 바꾼다.

32,124 likes

Move Your Heart #75 Rules to become
#a Winner #with in 3 years #after coming around

72 | 목적과 수단을 착각하지 마라

사자도 사냥을 할 때는 기어간다

당신은 지금 하고 있는 일이 목적인지 수단인지를 알고 있는가? 사람들은 보통 지금 하고 있는 일을 수단이라고 생각하며 시작했다가 어느 순간부터 목적이라는 착각에 빠지고 만다. 지금 하고 있는 일이 목적인지 수단인지를 항상 명확하게 의식해야 한다. 일의 최종 목표는 어디까지나 자신을 성장시키는 데 있어야 하며 일을 통해 그것을 이루어야 한다.

그렇다고 업무를 소홀히 하라는 말은 아니다. 업무를 열심히 하다 보면 반드시 그 일을 통해 자신을 성장시킬 수 있다. 신입사원 시절에는 힘들기만 하고 눈에 띄지 않는 일도 해야 한다. 어쩌면 대부분의 시간을 산더

미 같은 잡무에 시달려야 할지도 모른다.

　이 세상에 힘만 들고 제대로 평가받지 못하는 잡무를 처리하기 위해 자신의 능력을 키우려는 사람은 없다. 그런 사소한 일들은 자신을 성장시키지 않아도 누구라도 할 수 있다고 생각하는 것이다. 하지만 그것은 수단과 목적을 착각하는 사람이 빠지는 함정이다.

　미래의 성공을 자기 것으로 만들고 싶다면, 눈에 띄지 않는 잡무를 통해 자신을 성장시키겠다는 발상의 전환을 가져야 한다. 무거운 물건을 들어올리면 근육이 생기는 것처럼, 힘들고 어려운 일을 끝내면 자신도 성장하고 파워도 올라간다.

promition manager
Akihiro Nakatani

FOLLOW

RULE
72

잡무를 통해서도 성장하라

작은 차이도 고객은 알아챈다.
잡무에 당신의 최선을 다하는 것을
두려워하지 말아라.

♥ **32,124 likes**

Move Your Heart #75 Rules to become
#a Winner #with in 3 years #after coming around

73 | '만사 끝장'의 상황에 부딪혀보라

바닥을 알아야 높이를 잰다

일을 열심히 하는 사람은 반드시 '만사 끝장'이라고 생각되는 상황에 부딪히게 된다.

"이제 모든 게 틀렸어. 어쩌면 해고될지도 몰라."

이런 좌절감과 함께 죽음을 떠올릴 만큼 궁지에 몰리는 경우가 있다. 신입사원 시절에는 그런 상황까지 한번 가보아야 한다. 그런 상황을 경험하지 못한 사람은 일을 열심히 했다고 할 수 없다.

절체절명의 상황을 극복할 수 있느냐, 극복할 수 없느냐에 따라 그 사람의 성공 가능성을 예측할 수 있다. '만사 끝장'과 같은 궁지에 몰리면 그것을 극복할 수 있는 묘안이 불현듯 떠오르게 된다. 10년쯤 지나 뒤돌아보았을 때 "그때는 벼랑 끝에 서서 정말 죽음을 생각할 정도로 최악이었어"라고 말할 수 있을 만큼 모든 것이 무너지는 순간을 경험하였는가? 그러한 순간을 극복한 사람만이 인생을 살면서 어떤 위기가 몰려와도 담대하게 헤쳐나갈 수 있다.

나는 일을 하면서 '만사 끝장'의 상황에 자주 직면하고 만다. 그러나 웃음을 잃지 않고 일할 수 있는 것은 내가 예전에 경험했던 '벼랑 끝'의 상황에 비교하면 그래도 다행이기 때문이다.

회사에서 더 이상의 위기는 없다고 할 만큼 '만사 끝장'의 상황을 경험하고 나면 어느 곳, 어떤 상황에 놓이더라도 그때보다는 낫다고 감사할 수 있게 된다. 이것은 어떤 누구에게나 공통으로 적용할 수 있는 말이다.

최악의 지옥을 경험한 사람만이 최고의 행복을 맛볼 수 있지 않을까?

promition manager
Akihiro Nakatani

RULE
73

최악의 지옥도 맛보라

최고를 바란다면 최악도 준비하라.
최악의 상황을 통해 현실을 파악하라.
지나보면 모든 것이 나의 자산이 된다.

♥ 32,124 likes

Move Your Heart #75 Rules to become
#a Winner #with in 3 years #after coming around

74 | 결과는 10년 뒤에 나온다

인내라 쓰고 성공이라 읽는다

지금 자신이 하고 있는 일의 결과가 나오려면 적어도 10년은 걸린다. 그 결과가 어떤 형태로 나타날지는 아무도 모른다. 그것은 나도 마찬가지다. 내가 지금 하고 있는 일은 10년 전부터 해왔던 일이 이제야 겨우 결실로 나타난 것이다.

연극을 예로 들면, 모든 일은 리허설이라고 할 수 있다. 영화와 달리 연극은 공연할 때마다 느낌이 달라진다. 때로는 몇 년이 지나 내가 쓴 옛날 대본을 보고 '여기에서 이 주인공은 이렇게 생각했구나!'라고 새로운 사실을 깨닫기도 한다. 따라서 똑같은 대본을 가지고 5년 후에 공연하면 느낌이 완전히 달라진다.

그와 마찬가지로 사람은 똑같은 일을 두 번 하는 경우는 없다. 왜냐하면 1년 후에 같은 일을 한다고 해도, 1년간의 새로운 경험이 생겼기 때문에 똑같은 일이 되지 않는다. 바꾸어 말하면 똑같은 일을 두 번 해서는 안 된다는 뜻이다.

사람에게 백지상태에서 새롭게 시작하는 일은 하나도 없다. 지금 나오고 있는 결과는 이미 10년 전에 착수했던 것이며, 지금 하고 있는 일의 결과는 10년이 지나야 겨우 세상의 빛을 보게 된다.

과거에 열심히 노력한 결과를 보고 '저 사람 최근에 이런 일을 시작했군'이라고 가볍게 판단해서는 안 된다. 따라서 10년 정도 결과물이 나오지 않는다고 조바심 낼 필요도 없다. 큰일의 결과물은 그만큼 나오는데 오랜 시간이 걸리기 때문이다.

지금 자신이 하고 있는 일의 결과가
나오려면 적어도 10년은 걸린다

promotion manager
Akihiro Nakatani

FOLLOW

RULE
74

조바심은 실패의 친구다

안달복달하면 사랑도 망친다.
성급함만 없애도 세상이 더 아름다워진다.
모든 좋은 것들은 시간의 선물이다.

♥ 32,124 likes

Move Your Heart #75 Rules to become
#a Winner #with in 3 years #after coming around

288

75 | 인생의 큰 그림을 그려라

꿈의 크기가 그림의 크기다

스티븐 스필버그가 영화를 만들기로 하고 《쉰들러 리스트*Schindler's List*》의 원작 소설가와 영화화 계약을 맺은 것이 1982년이었다. 그런데 좀처럼 영화가 제작되지 않자 원작자는 언제 만들 것이냐고 물었다. 그때 스필버그는 이렇게 대답했다고 한다.

"곧 만들 겁니다. 10년 안에는 반드시 크랭크인*Crank in*하겠습니다."

이것이 비전*vision*을 가진 자들의 머릿속에 있는 사고思考의 크기이다. 영화를 만드는 감각으로 볼 때 10년은 그렇게 오랜 기간이 아니다. 하지만 보통 사람들은 영화를 만든다고 하면 즉시 크랭크인을 해서 내년 정도에는 개봉해야 한다는 짧은 발상을 한다.

스페인을 대표하는 천재 건축가 안토니오 가우디*Antoni Gaudi*의 사그라다 파밀리아*Sagrada Familia*대성당은 400년에 걸쳐 만들어지고 있다. 아직 100년째의 중간이라든지, 이제 겨우 200년째에 이르렀다는 식으로 만드는 것이다. 당신은 그런 발상으로 일을 할 수 있는가?

완성을 서두르지 말고 지금은 전체의 일부를 완성한다는 생각으로 일해야 한다. 우리는 지금 평생 할 일의 일부분을 완성하고 있는 중이며, '지그소 퍼즐*jigsaw puzzle*'로 말하면 한 조각을 붙이고 있는 중이라고 말이다.

현재 글도 쓰고 연기도 하며 연출도 하고 있는 나를 보고 사람들은 여러 가지 일을 하고 있다고 말한다. 그러나 종합적으로 보면 나는 한 가지 일을 하고 있다고 말할 수 있다. 다만 그것이 이어지지 않고 제각기 독립적으로 보일 뿐이다. 여기저기에 흩어져 있는 조각을 연결하면 최종적으로는 하나의 그림이 된다.

그 하나의 그림이 어떤 것인지는 아직 알 수 없다. 지금 알 수 있을 정도로 작은 일이라면 내가 아예 시작도 않았을 테니까.

사그라다 파밀리아 대성당

RULE
75

인생을 영화처럼 살아라

평생을 함께할 작품을 기획하라.
빨리빨리 증후군에서 벗어나라.
호랑이 가죽보다 이름을 남겨라.

♥ 32,124 likes

Move Your Heart #75 Rules to become
#a Winner #with in 3 years #after coming around

292

"나에게 주어진 선물을
찾는 것이 인생의 의미라면
그것을 나눠주는 것이
인생의 목적이다."

– 파블로 피카소 *Pablo Picasso*

나는 내 인생의 **CEO**입니다

75 Rules to become a Winner with in
3 years after coming around

옮긴이 이선희

부산대학교 일어일문학과를 졸업하고 한국외국어대학교 일본어교육대학원에서 수학했다. 부산대학교 외국어학당 한국어 강사를 거쳐 삼성물산, 숭실대학교 등에서 일본어를 강의했다. 현재 나카타니 아키히로 한국사무소 소장과 KBS 아카데미 일본어 영상번역과정 강사로 있으면서 방송 및 출판 번역 작가로 활동하고 있다. 번역한 책으로는 『면접의 달인』, 『20대에 하지 않으면 안 될 50가지』, 『30대에 하지 않으면 안 될 50가지』와 기시 유스케의 『검은 집』, 『푸른 불꽃』, 『유리망치』, 히가시노 게이고의 『비밀』, 『방황하는 칼날』, 아사다 지로의 『천국까지 100마일』, 『쓰바키야마 과장의 7일간』 등이 있다.

나는 내 인생의 **CEO**입니다

초판 1쇄 발행　2018년 4월 30일

지은이　　나카타니 아키히로
옮긴이　　이선희
펴낸이　　윤석진
총괄영업　김승헌
책임편집　양승원
디자인　　ArtierLee Company

펴낸곳　　도서출판 작은우주
출판등록일　2014년 7월 15일 (제25100-2104-000042호)
전화　　　070-7377-3823
팩스　　　0303-3445-0808
주소　　　경기도 고양시 일산동구 위시티4로 45, 403-1302
이메일　　book-agit@naver.com

북아지트는 **작은우주**의 성인단행본 브랜드입니다.

ISBN　979-11-87310-07-5 (03320)